das schmeckt frau

das frauenkochbuch

das schmeckt frau

das frauenkochbuch

Ceres Verlag

was schmeckt frau – was kocht frau?

Das hängt ganz von der Tagesform ab. Mal leicht, mal üppig, mal allein, mal in Gesellschaft, mal süß, mal scharf. Hier finden Sie für alle Gelegenheiten das Richtige.

Ob im Pyjama Pancakes und ein Smoothie, ob ein Müsliriegel to go, ob Hühnersuppe bei Liebeskummer, ob Cannelloni für den großen Hunger, ob kleine Schweinereien für den Mädelsabend oder Schokoladen-Trüffel als Belohnung.

Ob Salat, ob Suppe, ob vollständige Mahlzeit, ob Drink oder Süßes, hier ist für alle Eventualitäten gesorgt. Ob im Kreise der Freundinnen oder auch mit einem Mann, für jede ist das richtige Rezept dabei.

Hier finden Sie, was Frauen wollen.

starthilfe

blaubeer-ricotta-pancakes

FÜR 4 PORTIONEN (12 STÜCK): 100 g Blaubeeren (Heidelbeeren) • 100 g griechischer Sahnejoghurt (10 % Fett) • 1 Pck. Dr. Oetker Bourbon-Vanille-Zucker • FÜR DEN PANCAKES-TEIG: ½ TL fein abgeriebene Zitronenschale von 1 Bio-Zitrone (unbehandelt, ungewachst) • 125 g Ricotta (ital. Frischkäse) • 30 g Zucker • 2 Eigelb (Größe S) • 1 Prise Salz • 60 g Weizenmehl • 1 gestr. TL Weinstein Backpulver • 75 ml Milch • 2 Eiweiß (Größe S) • etwa 2 EL Butter • etwas Puderzucker • 150 ml Ahornsirup ZUBEREITUNGSZEIT: 30 Minuten GARZEIT: etwa 15 Minuten PRO PORTION: E: 10 g, F: 20 g, Kh: 52 g, kJ: 1784, kcal: 424, BE: 4,5

EINFACH

1 Blaubeeren verlesen, waschen und abtropfen lassen. Joghurt mit Vanille-Zucker in einer kleinen Schüssel verrühren. 2 Für den Teig Zitronenschale, Ricotta, 15 g des Zuckers, Eigelb und Salz in einer Rührschüssel glatt rühren. Mehl mit Backpulver mischen, mit der Milch kurz und sorgfältig unter die Ricottamasse rühren. Eiweiß mit restlichem Zucker steif schlagen und mit dem Schneebesen unter den Teig heben. 3 Einen Teelöffel Butter in einer beschichteten Pfanne zerlassen. 3 Pancakes darin backen. Dazu je Pancake 3–4 Esslöffel Teig in die Pfanne geben und etwa 4 Minuten bei schwacher bis mittlerer Hitze backen, bis der Teig etwas fest geworden ist. Blaubeeren darauf verteilen. 4 Die Pancakes am besten mit einer Palette wenden. Einen weiteren Teelöffel Butter hinzugeben. Die Pancakes noch 3–4 Minuten backen. Aus dem Teig insgesamt 12 Pancakes backen. 5 Die Pancakes mit Puderzucker bestäuben und mit Ahornsirup beträufeln. Den Joghurt dazureichen.

himbeer-buttermilch

2 PORTIONEN: 150 ml Buttermilch • 2 EL Zucker • 2 EL Zitronensaft • 150 g frische Himbeeren • 250 ml Himbeersorbet oder Himbeereis
PRO PORTION: E: 4 g, F: 3 g, Kh: 40 g, kJ: 917, kcal: 219, BE: 3,5

1 Buttermilch mit Zucker, Zitronensaft, verlesenen Himbeeren und dem leicht angetauten Himbeereis in einen Elektromixer geben und kurz pürieren. Himbeer-Buttermilch-Smoothie in 2 Gläsern verteilen und sofort servieren.

smoothie

melone

2 PORTIONEN: 500 g orangefarbene Netzmelone • 2 Bananen (etwa 180 g) • 1 TL Zitronensaft • 3 EL flüssiger Honig • 50 g Crème fraîche oder Joghurt • 150 ml fettarme Milch • 100 ml Apfelsaft PRO PORTION: E: 6 g, F: 6 g, Kh: 70 g, kJ: 1522, kcal: 364, BE: 6,0

1 Melone halbieren, entkernen, schälen und in kleine Stücke schneiden. Bananen schälen und ebenfalls in Stücke schneiden. Melonen- und Bananenstücke mit Zitronensaft, Honig, Crème fraîche oder Joghurt, Milch und Apfelsaft in einem Elektromixer fein pürieren. Melonen-Smoothie in 2 Gläsern verteilen.

gurken-sellerie

2 PORTIONEN: 1 Salatgurke • 1 Stange Staudensellerie mit Grün (etwa 100 g) • 5 Stängel glatte Petersilie • 100 g griechischer Sahnejoghurt (10 % Fett) • 30 g Amaranth-Pops (erhältlich in Reformhäusern oder Drogerien) • Meersalz • frisch gemahlener Pfeffer • ½ TL gemahlener Koriander PRO PORTION: E: 4 g, F: 6 g, Kh: 18 g, kJ: 620, kcal: 147, BE: 1,0

1 Die Gurke schälen und grob zerkleinern. Selleriestange putzen und die harten Außenfäden abziehen. Selleriestange mit dem Grün waschen, abtropfen lassen, mit dem Grün grob zerkleinern. Petersilie abspülen und trocken tupfen. Die Blättchen von den Stängeln zupfen. Blättchen grob zerschneiden. Die vorbereiteten Zutaten mit Joghurt, Amaranth-Pops, etwas Meersalz, Pfeffer und Koriander in einen Elektromixer geben und fein pürieren. Gurken-Sellerie-Smoothie in 2 Gläsern verteilen.

FÜR 2 PORTIONEN: 2 Äpfel, z. B. Gala • 1 EL Zitronensaft • 1 TL gemahlener Zimt • Mark von ½ Vanilleschote • 1 EL Puderzucker • 1 Ei (Größe M) • 50 ml Milch • 1 Prise Salz • 2 Scheiben Rosinenbrot (Rosinenstuten) • 40 g Butter • 2 EL flüssiger Honig • Puderzucker ZUBEREITUNGSZEIT: 20 Minuten PRO PORTION: E: 3 g, F: 21 g, Kh: 68 g, kJ: 2003, kcal: 478, BE: 5,5

frenchtoast

SCHNELL

1 Äpfel schälen, vierteln, entkernen und in Spalten schneiden. Apfelspalten mit Zitronensaft, Zimt, Vanillemark und Puderzucker vermischen. **2** Ei mit Milch in einem weiten Gefäß verschlagen, mit Salz würzen. Die Brotscheiben darin von jeder Seite gründlich eintauchen. **3** 20 g der Butter in einer großen Pfanne zerlassen. Die Apfelspalten darin bei starker Hitze rundherum goldbraun braten. Restliche Butter in einer zweiten Pfanne bei mittlerer Hitze zerlassen. Die Brotscheiben darin von jeder Seite etwa 2 Minuten goldbraun braten und herausnehmen. **4** Frenchtoast mit den gebratenen Apfelspalten belegen, mit Honig beträufeln und dick mit Puderzucker bestäuben.

TIPP Dazu passt eine gute Tasse Zitrus-Minze-Schwarztee. Für den Tee eine Bio-Orange (unbehandelt, ungewachst) heiß abwaschen, abtrocknen und halbieren. Von einer Orangenhälfte die Schale mit einem Sparschäler dünn abschneiden. 5 g geschälte Ingwerwurzel in sehr dünne Scheiben schneiden. 1 Stängel Minze abspülen, trocken tupfen, die Blättchen von dem Stängel zupfen. 1 Bio-Zitrone (unbehandelt, ungewachst) heiß abwaschen, abtrocknen und halbieren. Von einer Zitronenhälfte 4 dünne Scheiben abschneiden. Die vorbereiteten Zutaten in eine Teekanne geben. 2 Esslöffel Assamtee, beste Qualität, in einen Teefilter füllen und in die Teekanne geben. Von der Orangenhälfte den Saft auspressen, mit 350 ml Wasser zum Kochen bringen. Den Tee mit dem kochend heißen Orangen-Wasser überbrühen und 3–5 Minuten geschlossen ziehen lassen. Teefilter herausnehmen. (Zutaten für 2 Portionen).

knusper-müsli

„TRIFLE-STYLE"

FÜR 2 PORTIONEN: 50 g Müslimischung nach Wahl • 10 g gehobelte Mandeln • 200 g frische Beeren, z. B. Himbeeren, Erdbeeren und Heidelbeeren • 1 EL Zucker • 1 EL Zitronensaft • 200 g Speisequark (10 % Fett) • 4–5 EL Holunderblütensirup • Mark von ½ Vanilleschote
ZUBEREITUNGSZEIT: 20 Minuten PRO PORTION: E: 16 g, F: 8 g, Kh: 60 g, kJ: 1599, kcal: 382, BE: 5,0

FRUCHTIG

1 Müslimischung mit den Mandeln in einer Pfanne ohne Fett unter Wenden einige Minuten bei schwacher Hitze rösten, herausnehmen und auf einem großen Teller oder Backblech weit ausgebreitet erkalten lassen. **2** Himbeeren, Erdbeeren und Heidelbeeren putzen, waschen, abtropfen lassen und entstielen. Erdbeeren vierteln. Die vorbereiteten Früchte mit Zucker und Zitronensaft mischen und beiseitestellen. **3** Quark mit Holunderblütensirup und Vanillemark in einer Schüssel glatt rühren. **4** Zum Servieren zuerst die Früchte in Gläsern verteilen und den Quark daraufschichten. Müsli-Mandel-Mischung daraufstreuen.

TIPP Das Müsli kann schon auf Vorrat geröstet werden. Dadurch erspart man sich die Abkühlzeit.

FÜR 4 GLÄSER: 10 Cocktailtomaten • 10 weiße Champignons (etwa 50 g) • 2 Scheiben Bacon (Frühstücksspeck) • 2 EL Speiseöl • Meersalz • frisch gemahlener, schwarzer Pfeffer • 20 g weiche Butter • 4 Eier (Größe L) • 4 EL Schlagsahne • ½ TL frische Thymianblättchen • 4 Scheiben Toastbrot • einige Butterwürfel AUSSERDEM: 4 Glasförmchen ZUBEREITUNGSZEIT: 30 Minuten GARZEIT: 10–12 Minuten PRO PORTION: E: 12 g, F: 27 g, Kh: 14 g, kJ: 1433, kcal: 342, BE: 1,0

IM GLAS

„schottische" frühstückseier

RAFFINIERT

1 Tomaten abspülen, trocken tupfen und die Stängelansätze herausschneiden. Tomaten halbieren. Champignons putzen, mit Küchenpapier abreiben, eventuell abspülen, trocken tupfen und vierteln. Baconscheiben der Länge nach in etwa 1 cm breite Streifen schneiden. 2 Den Backofen vorheizen. **Ober-/Unterhitze:** etwa 180 °C, **Heißluft:** etwa 160 °C.

3 Speiseöl in einer Pfanne erhitzen. Baconstreifen darin bei mittlerer Hitze knusprig ausbraten und herausnehmen. 4 Zunächst die Champignonviertel in dem verbliebenen Brattfett unter Wenden goldbraun braten. Dann die Tomatenhälften hinzugeben. Mit Salz und Pfeffer würzen. Tomatenhälften kurz mit andünsten. Baconstreifen untermischen. 5 Eine Auflaufform etwa 3 cm hoch mit heißem Wasser füllen. 4 kleine, feuerfeste Gläser mit Butter ausstreichen. 6 Zuerst die Champignon-Tomaten-Mischung darin verteilen. Dann die Eier vorsichtig aufschlagen und jeweils ein Ei in die Gläser geben. Das Eiweiß mit je einem Esslöffel Sahne beträufeln. Die Eier mit grob gemahlenem Pfeffer und einigen abgespülten und trocken getupften Thymianblättchen bestreuen. Die Gläser in das Wasserbad stellen. Die Auflaufform auf dem Rost in den vorgeheizten Backofen schieben. Die Frühstückseier im Glas 10–12 Minuten garen.

7 Die Brotscheiben toasten. Mit kleinen Butterwürfeln und Meersalz zu den Eiern servieren.

mozzarella-melonen-salat

MIT FENCHEL UND BASILIKUM

FÜR 2 PORTIONEN • FÜR DIE VINAIGRETTE: ¼ rote Chilischote • 3 EL Himbeeressig • 2 EL flüssiger Honig • 3 EL Wasser • Salz • 3 EL Olivenöl FÜR DEN SALAT: 150 g Büffel-Mozzarella • 4 schöne Radicchioblätter • einige schöne Friséesalatblätter • 350–400 g Wassermelone • 2 Stängel Basilikum • 10 g Wasabi-Erdnusskerne • 75 g Fenchelknolle ZUBEREITUNGSZEIT: 30 Minuten PRO PORTION: E: 18 g, F: 33 g, Kh: 25 g, kJ: 1955, kcal: 468, BE: 2,0

EXOTISCH

1 Für die Vinaigrette Chilischote abspülen, trocken tupfen und vierteln. Chiliviertel sehr klein schneiden. Chili mit Himbeeressig, Honig, 3 Esslöffeln Wasser und Salz verrühren. Olivenöl unterschlagen. **2** Für den Salat Mozzarella abtropfen lassen und in kleine Würfel schneiden. Radicchio- und Friséeblätter abspülen und trocken tupfen. Radicchioblätter etwas kleiner schneiden. Friséeblätter eventuell klein zupfen. Melone halbieren, entkernen, in etwa 2 cm dicke Scheiben schneiden. Die Schale mit einem Messer abschneiden. Melonenscheiben in kleine Dreiecke schneiden. **3** Basilikum abspülen und trocken tupfen. Die Blättchen von den Stängeln zupfen. Erdnusskerne grob hacken. Fenchel putzen, waschen, abtropfen lassen und der Länge nach in sehr feine Scheiben schneiden oder hobeln. **4** Mozzarellawürfel, Fenchelscheiben, Melonenstücke, Radicchio, Frisée und Basilikumblättchen in einer Schale anrichten. Den Salat gleichmäßig mit der Vinaigrette beträufeln. Mit den Erdnusskernen bestreuen.

BEILAGE Ofenfrisches Baguette.

FÜR 2 PORTIONEN: 1 Bio-Zitrone (unbehandelt, ungewachst) • 2–3 Stängel Basilikum • 50 g Rucola (Rauke) • 1 Knoblauchzehe • 5 EL Olivenöl • 2 EL Wasser • Meersalz • frisch gemahlener, schwarzer Pfeffer • 75 g Ciabatta • 100 g grüne Bohnen • Salzwasser • 12 Cocktailtomaten • ½ rote Paprikaschote • 6–8 Kalamata-Oliven • 20 g Parmesan-Käse • ZUBEREITUNGSZEIT: 40 Minuten PRO PORTION: E: 10 g, F: 32 g, Kh: 29 g, kJ: 1894, kcal: 451, BE: 2,0

panzanella

ETWAS BESONDERES – DAUERT ETWAS LÄNGER

1 Zitrone heiß abwaschen und abtrocknen. Die Hälfte der Zitronenschale fein abreiben. Zitrone halbieren und den Saft auspressen. 3 Esslöffel Saft abmessen und beiseitestellen. Basilikum abspülen und trocken tupfen. Die Blättchen von den Stängeln zupfen. Rucola putzen und die harten Stiele entfernen. Rucola waschen und abtropfen lassen. **2** Je ein Drittel des Rucolas und der Basilikumblättchen grob hacken. Restlichen Rucola und Basilikumblättchen zugedeckt kalt stellen. Knoblauch abziehen und grob zerkleinern. **3** Den Backofengrill vorheizen. **4** Gehackten Rucola und Basilikum mit Knoblauch, 4 Esslöffeln des Olivenöls, 2 Esslöffeln Wasser und Meersalz im Blitzhacker fein pürieren. Zitronenschale und grob gemahlenen Pfeffer untermischen. **5** Ciabatta in sehr dünne Scheiben schneiden. Die Brotscheiben nebeneinander auf ein Backblech legen. Das Backblech unter den vorgeheizten Backofengrill schieben. Die Brotscheiben von beiden Seiten goldbraun rösten. **6** Von den Bohnen die Enden abschneiden. Bohnen eventuell abfädeln, waschen und abtropfen lassen. Die Bohnen in kochendem Salzwasser etwa 8 Minuten garen. Anschließend die Bohnen in ein Sieb geben und gut abtropfen lassen. **7** Tomaten abspülen, trocken tupfen, halbieren und eventuell die Stängelansätze herausschneiden. Tomatenhälften in kleine Stücke schneiden. Paprikaschotenhälfte entstielen, entkernen und die weißen Scheidewände entfernen. Schotenhälfte waschen, abtropfen lassen und in dünne Streifen schneiden. **8** Restliches Olivenöl in einer weiten Pfanne erhitzen. Die Paprikastreifen darin etwa 1 Minute bei starker Hitze unter Rühren braten. Die Bohnen, Oliven und Tomatenstücke hinzugeben und unter Rühren etwa 1 Minute mitgaren lassen. **9** Beiseitegestellten Zitronensaft unter das Kräuteröl rühren. Kalt gestellte Basilikumblättchen, Rucola, die warme Bohnen-Paprika-Mischung und die gerösteten Brotscheiben locker mit dem Kräuteröl mischen, eventuell nachwürzen. **10** Den Salat in einer Schale anrichten. Parmesan-Käse dünn hobeln. Panzanella damit bestreuen.

marinierter feta mit feigen

FÜR 2 PORTIONEN • PRO PORTION: E: 9 g, F: 20 g, Kh: 10 g, kJ: 1068, kcal: 255, BE: 0,5

100 g Feta-Käse in kleine Würfel scheiden. 1 Esslöffel frische Rosmarinnadeln grob zerschneiden, zusammen mit Zesten (dünne Schalenstreifen) von ½ Bio-Zitrone, 30 g klein gewürfelten Softfeigen, 2 Esslöffeln Olivenöl und etwas grob gemahlenem Pfeffer vorsichtig mit den Käsewürfeln mischen. Mindestens 30 Minuten marinieren.

mango mit basilikum in serano-schinken

FÜR 2 PORTIONEN • PRO PORTION: E: 8 g, F: 12 g, Kh: 18 g, kJ: 912, kcal: 218, BE: 1,5

Von einer nicht zu reifen Mango 8 Spalten vom Stein abschneiden und schälen. 4 Scheiben Serano-Schinken längs halbieren. Die 8 Mangospalten zuerst mit insgesamt 8 schönen Basilikumblättern belegen, dann mit je einer halbierten Schinkenscheibe umwickeln. Jeweils mit einem Zahnstocher feststecken. 2 Esslöffel Olivenöl in einer beschichteten Pfanne erhitzen. Die umwickelten Mangospalten darin von allen Seiten bei mittlerer Hitze goldbraun braten. Etwas grob gemahlenen Pfeffer und 1 Esslöffel frische Rosmarinnadeln hinzugeben, in dem Olivenöl anrösten. Die Mangospalten darin schwenken.

pimp your salad

spanisches Tapa-Topping

FÜR 2 PORTIONEN • PRO PORTION: E: 8 g, F: 25 g, Kh: 12 g, kJ: 1278, kcal: 305, BE: 1,0

Je 1 rote und gelbe Paprikaschote putzen, waschen, abtropfen lassen, in nicht zu kleine Würfel schneiden. 1 Knoblauchzehe abziehen, in feine Scheibchen schneiden. 2 Esslöffel Olivenöl in einer Pfanne erhitzen. Paprikawürfel und 2 Esslöffel gestiftelte Mandeln darin unter Wenden leicht anbraten. Knoblauchscheiben und 10 Kalamata-Oliven hinzugeben, kurz mit anrösten. 2 Stängel glatte Petersilie grob hacken, mit 1 Esslöffel Bio-Orangen-Zesten unter die Paprika-Oliven-Mischung rühren. Die Pfanne von der Kochstelle nehmen. Tapa-Topping mit Salz und Pfeffer bestreuen. Noch warm mit 30 g dünn gehobeltem Manchego-Käse über einen angerichteten Salat streuen.

kleine hühnchen-saltimbocca

FÜR 2 PORTIONEN • PRO PORTION: E: 56 g, F: 8 g, Kh: 4 g, kJ: 1341, kcal: 321, BE: 0,5

2 abgespülte, trocken getupfte Hühnchenbrustfilets ohne Haut (je 175 g) der Länge nach in je 4 dünne Scheiben schneiden. Zuerst 8 Scheiben Coppa (ital. roher Schinken), dann 8 schöne Salbeiblättchen auf die Hühnchenschnitzel legen. Mit je einem Zahnstocher feststecken. Mit Salz, Pfeffer und 1 Teelöffel Fenchelsamen bestreuen. 2 Esslöffel Olivenöl in einer großen Pfanne erhitzen. Hühnchenschnitzel mit der belegten Seite hineinlegen, 3–4 Minuten bei mittlerer Hitze braten. Schnitzel wenden, weitere 1–2 Minuten braten. Zuletzt 1 Esslöffel Bio-Orangen-Zesten hinzugeben. Mit 1 Esslöffel Balsamico-Essig beträufeln, einmal durchschwenken.

garnelenspieße auf zitronengras

FÜR 2 PORTIONEN • PRO PORTION: E: 26 g, F: 8 g, Kh: 4 g, kJ: 815, kcal: 195, BE: 0,5

2 dicke Zitronengrasstängel (je 10–15 g) der Länge nach halbieren. Insgesamt 12 küchenfertige Garnelen (je etwa 20 g) und 8 Kaffirblätter (Limettenblätter) so auf die Zitronengrasstängel spießen, dass auf jedem Spieß 3 Garnelen und 2 Kaffirblätter sind. Mit Salz und Cayennepfeffer würzen. 2 Esslöffel Olivenöl in einer weiten Pfanne erhitzen. Die Garnelenspieße von jeder Seite etwa 2 Minuten bei mittlerer Hitze braten. Die Garnelenspieße mit 1 Esslöffel Limettensaft beträufeln und mit 20 g klein gehackten, gerösteten und gesalzenen Cashewkernen bestreuen.

forelle im pergament-päckchen

FÜR 2 PORTIONEN: 6 Blätter Pergamentpapier (etwa 28 x 38 cm) • 3 EL Speiseöl • 2 Forellenfilets ohne Haut (je etwa 175 g) • ½ Salatgurke • 1 kleine Zwiebel • 12 Cocktailtomaten • 300 g Kartoffeln • 3 EL Olivenöl • 3 EL Weißwein • 3 EL Gemüsebrühe • Salz • frisch gemahlener Pfeffer • 2 TL grob körniger Senf • 2–3 Stängel Dill **ZUBEREITUNGSZEIT:** 40 Minuten **GARZEIT:** etwa 33 Minuten **PRO PORTION:** E: 41 g, F: 37 g, Kh: 25 g, kJ: 2548, kcal: 607, BE: 1,5

MIT ALKOHOL

1 Je 3 Blätter Pergamentpapier übereinanderlegen. Dabei jeweils das 1. und 2. Blatt dünn mit Speiseöl bepinseln. **2** Von den Forellenfilets die Gräten mit einer Pinzette herausziehen. Forellenfilets eventuell kurz unter fließendem kalten Wasser abspülen und trocken tupfen. Die Gurkenhälfte schälen, längs halbieren, entkernen und in sehr kleine Würfel schneiden. Zwiebel abziehen und klein würfeln. **3** Tomaten abspülen, abtropfen lassen und die Stängelansätze herausschneiden. Tomaten in kleine Stücke schneiden. Kartoffeln waschen, schälen, abspülen, abtropfen lassen und in sehr kleine Würfel schneiden. **4** Olivenöl in einer beschichteten Pfanne erhitzen. Kartoffelwürfel darin etwa 10 Minuten bei mittlerer Hitze unter mehrmaligem Wenden bissfest garen. **5** Den Backofen vorheizen. **Ober-/Unterhitze:** etwa 200 °C, **Heißluft:** etwa 180 °C.

6 Gurken- und Zwiebelwürfel unter die Kartoffelwürfel mischen, etwa 3 Minuten weitergaren. Wein und Brühe hinzugießen, aufkochen lassen. Mit Salz und Pfeffer würzen. Tomatenstücke unterheben. **7** Das Gemüse in die Mitte der übereinandergelegten Blätter geben. Die Fischfilets mit Senf bestreichen, mit Salz würzen und auf das Gemüse legen. Dill abspülen und trocken tupfen. Die Spitzen von den Stängeln zupfen. Spitzen grob zerkleinern und auf den Fischfilets verteilen. **8** Das Papier wie ein „Bonbon" zu einem Päckchen verschließen, sodass die Nahtseite oben liegt. Das „Bonbon" mit Küchengarn fest zusammenbinden und auf ein Backblech legen. **9** Das Backblech in den vorgeheizten Backofen schieben. Forellenfilets mit dem Gemüse etwa 20 Minuten garen.

FÜR 1 PORTION • FÜR DAS GURKEN-SHRIMPS-SANDWICH: 50 g Shrimps in Lake • 1 Bio-Limette (unbehandelt, ungewachst) • 1 EL Limettensaft • 50 g Frischkäse, fettreduziert • frisch gemahlenes Meersalz • ¼ Minigurke • 2 Scheiben Sandwichbrot (etwa 40 g) FÜR DIE ERBSEN-BUTTERMILCH-SUPPE: 1 Schalotte • 2 EL Olivenöl • einige getrocknete, rote Chilibrösel (nach Geschmack) • 200 ml gute Gemüsebrühe (evtl. aus gekörnter Bio-Brühe) • 75 g TK-Erbsen • frisch gemahlenes Meersalz • 1 gestr. TL Speisestärke • 5 schöne Minzeblättchen • 50 ml Buttermilch • 20 g Pistazienkerne mit Schale, geröstet und gesalzen ZUBEREITUNGSZEIT: 45 Minuten, ohne Kühlzeit GARZEIT: 8–9 Minuten PRO PORTION: E: 27 g, F: 34 g, Kh: 42 g, kJ: 2441, kcal: 582, BE: 3,0

erbsen-buttermilch-suppe

KALTE SUPPE MIT MINZE UND KLEINEN GURKEN-SHRIMPS-SANDWICHES

RAFFINIERT

1 Für das Sandwich Shrimps in einem Sieb gut abtropfen lassen, eventuell mit Küchenpapier trocken tupfen. Limette heiß abwaschen, abtrocknen und die Schale fein abreiben. Limette halbieren, den Saft auspressen und einen Esslöffel Saft abmessen. Limettensaft mit Frischkäse und etwas Salz in einer kleinen Schüssel verrühren. 2 Gurkenviertel abspülen, abtrocknen und mit der Schale in feine Streifen schneiden. Gurkenstreifen und Shrimps unter den Frischkäse mischen und auf eine Sandwichscheibe streichen. Mit der zweiten Sandwichscheibe belegen. 3 Das Sandwich fest in Frischhaltefolie wickeln und etwa 45 Minuten im Kühlschrank durchziehen lassen. 4 Für die Suppe Schalotte abziehen und in kleine Würfel schneiden. Einen Esslöffel des Olivenöls in einem Topf erhitzen. Schalottenwürfel und Chilibrösel darin andünsten. Brühe hinzugießen, zum Kochen bringen und etwa 5 Minuten kochen lassen. 5 Gefrorene Erbsen hinzugeben, mit Salz würzen. Die Suppe wieder zum Kochen bringen und 3–4 Minuten kochen lassen. 6 Speisestärke mit etwas Wasser anrühren, in die Suppe rühren und unter Rühren einmal aufkochen lassen. Minzeblättchen abspülen und trocken tupfen. Drei Minzeblättchen in die Suppe geben. Die Suppe mit einem Stabmixer sehr fein pürieren. 7 Die Suppe im kalten Wasserbad kalt rühren, dann Buttermilch unterrühren. Die Suppe eventuell mit Salz abschmecken. 8 Pistazienkerne aus der Schale lösen, grob hacken und auf einen kleinen Teller geben. Das Sandwichbrot aus der Folie wickeln. Die Rinde abschneiden. Das Sandwichbrot einmal durchschneiden. Die Schnittstellen in die Pistazien drücken. 9 Restliche Minzeblättchen in feine Streifen schneiden. Die Suppe damit bestreuen und mit dem restlichen Olivenöl beträufeln. 10 Die Suppe in eine Suppentasse geben und mit dem Sandwich servieren.

FÜR 2 PORTIONEN: 50 g rote Zwiebeln • 1 Knoblauchzehe • je ½ rote und gelbe Paprikaschote • 100 g Auberginen • 100 g Zucchini • 2 EL Olivenöl • 1 EL Tomatenmark • 500 ml (½ l) Gemüsebrühe (evtl. gekörnte Bio-Brühe) • Salz • Cayennepfeffer • 75 g Cocktailtomaten • je 1 Stängel Minze, Basilikum und Petersilie • 30 g schwarze Oliven, ohne Stein • etwas Zitronenschale von 1 Bio-Zitrone (unbehandelt, ungewachst) • 75 g frisch geriebener Parmesan-Käse ZUBEREITUNGSZEIT: 30 Minuten GARZEIT: etwa 12 Minuten PRO PORTION: E: 17 g, F: 29 g, Kh: 13 g, kJ: 1610, kcal: 384, BE: 0,5

ratatouille-suppe

KLASSISCH

1 Zwiebeln und Knoblauch abziehen. Zwiebeln in kleine Würfel schneiden. Knoblauch grob würfeln. Paprikaschotenhälften entstielen, entkernen und die weißen Scheidewände entfernen. Schotenhälften waschen und abtropfen lassen. Auberginen und Zucchini waschen, abtrocknen und die Stängelansätze bzw. Enden abschneiden. Die Gemüsezutaten in etwa 1 cm große Stücke schneiden. 2 Olivenöl in einem Topf erhitzen. Zwiebel-, Knoblauchwürfel, Auberginen- und Paprikastücke darin kräftig unter Rühren andünsten. Tomatenmark unterrühren und kurz mitrösten. Brühe hinzugießen, zum Kochen bringen, mit Salz und Cayennepfeffer würzen. Das Gemüse etwa 12 Minuten ohne Deckel kochen lassen. 3 In der Zwischenzeit Tomaten abspülen, abtropfen lassen und die Stängelansätze herausschneiden. Tomaten vierteln. Kräuterstängel abspülen und trocken tupfen. Die Blättchen von den Stängeln zupfen. Blättchen grob schneiden. 4 Zucchinistücke, Tomatenviertel und Oliven nach etwa 9 Minuten Garzeit in die Suppe geben und mitgaren lassen. Zuletzt Zitronenschale und Kräuter hinzugeben. Den Topf von der Kochstelle nehmen. 5 Ratatouille-Suppe anrichten. Parmesan-Käse dazureichen.

BEILAGE Ofenfrisches Baguette.

linguini

MIT TOMATENSUGO UND PICANDOU

FÜR 2 PORTIONEN • FÜR DIE SAUCE (TOMATENSUGO): 500 g Tomaten • 1 Zwiebel (etwa 75 g) • 2 große Knoblauchzehen • 2 Stängel Minze • ½–1 rote Chilischote • 3 EL Olivenöl • 125 ml (⅛ l) Tomatensaft • 125 ml (⅛ l) Geflügelbrühe • Salz • 2 EL Zucker • 75 g schwarze Oliven mit Stein • 20 g Rosinen • 40 g Pistazienkerne (geröstet und gesalzen) • 2 l Wasser • 2 gestr. TL Salz • 175 g Linguine • 1 kleine Bio-Orange (unbehandelt, ungewachst) • 50 g Picandou (junger Ziegen-Weichkäse) ZUBEREITUNGSZEIT: 40 Minuten GARZEIT TOMATENSUGO: 50–60 Minuten PRO PORTION: E: 19 g, F: 42 g, Kh: 98 g, kJ: 3561, kcal: 851, BE: 7,5

KLASSISCH

1 Für die Sauce Tomaten abspülen, abtropfen lassen, kreuzweise einschneiden, kurz in kochendes Wasser legen und in kaltem Wasser abschrecken. Tomaten enthäuten, halbieren, entkernen und die Stängelansätze herausschneiden. Tomatenhälften in etwa 1 ½ cm große Würfel schneiden. **2** Zwiebeln und Knoblauch abziehen, jeweils in kleine Würfel schneiden. Minzestängel und Chilischote abspülen und trocken tupfen. **3** Olivenöl in einem Topf erhitzen. Zwiebel-, Knoblauchwürfel, einen Minzestängel und die Chilischote darin unter Rühren kräftig andünsten. Tomatenwürfel unterrühren. Tomatensaft und Brühe hinzugießen, mit Salz und Zucker würzen. **4** Die Zutaten zum Kochen bringen. Die Sauce 50–60 Minuten bei mittlerer Hitze ohne Deckel einkochen lassen. **5** Oliven vom Stein schneiden und grob hacken. Oliven und Rosinen etwa 15 Minuten vor Ende der Garzeit in die Sauce geben. **6** Pistazienkerne aus der Schale lösen und grob hacken. Von dem restlichen Minzestängel die Blättchen von den Stängeln zupfen. Blättchen klein schneiden. **7** Wasser in einem großen Topf mit geschlossenem Deckel zum Kochen bringen. Dann Salz und Nudeln hinzugeben. Die Nudeln im geöffneten Topf bei mittlerer Hitze nach Packungsanleitung kochen lassen, dabei zwischendurch 4–5-mal umrühren. **8** Anschließend die Nudeln in ein Sieb geben, mit heißem Wasser abspülen und gut abtropfen lassen. **9** Orange heiß abwaschen und abtrocknen. Die Nudeln mit der Sauce und der gehackten Minze mischen, kurz erhitzen und in einer Schüssel anrichten. Den Käse zerbröseln und daraufstreuen. Einen Hauch Orangenschale fein darüberreiben. Mit den Pistazienkernen bestreuen.

ich geh mit

vollkorn-stulle

FÜR 2 PORTIONEN: 1 EL gehobelte Haselnusskerne • 4 getrocknete Softfeigen • 4 schöne Basilikumblättchen • 4 Scheiben Körner-Schwarzbrot • 100 g Ziegenfrischkäse • frisch gemahlener, schwarzer Pfeffer • 1 Stück Birne (etwa 50 g) • 1 TL Zitronensaft ZUBEREITUNGSZEIT: 15 Minuten PRO PORTION: E: 6 g, F: 18 g, Kh: 28 g, kJ: 1262, kcal: 303, BE: 2,5

SAFTIG

1 Haselnusskerne in einer Pfanne ohne Fett unter Wenden goldbraun rösten, herausnehmen und auf einem Teller erkalten lassen. 2 Feigen in dünne Scheibchen schneiden. Basilikumblättchen abspülen, trocken tupfen und grob zerschneiden. 3 Die Schwarzbrotscheiben mit Frischkäse bestreichen und mit Pfeffer bestreuen. Birne waschen, trocken tupfen, halbieren und entkernen. Birnenstück mit Schale in Streifen schneiden. Birnenstreifen mit Zitronensaft beträufeln. 4 Die Birnenstreifen mit den Haselnusskernen und dem Basilikum auf dem Frischkäse verteilen. Je zwei belegte Brotscheiben aufeinanderlegen. 5 Zum Transportieren die Vollkorn-Stulle in Frischhaltefolie wickeln oder in einer Brotdose verpacken.

FÜR ETWA 40 RIEGEL: 4 EL Sesamsamen • 4 EL Kokosraspel • 100 g Macadamianusskerne, geröstet und gesalzen • 200 g getrocknete Softfrüchte, z. B. Papaya, Ananas und Mango • 275 g brauner Zucker • 150 g flüssiger Honig • 3 EL Limettensaft • 40 g Butter • 300 g kernige Haferflocken
FÜR DEN GUSS: 150 g Edelbitter-Schokolade (70 % Kakaoanteil) • 20 g Schlagsahne ZUBEREITUNGSZEIT: 40 Minuten BACKZEIT: 12–15 Minuten
PRO STÜCK: E 2 g, F: 7 g, Kh: 18 g, kJ: 595, kcal: 142, BE: 1,5

müsliriegel „cook island"

NUSSIG

1 Sesam und Kokosraspel in einer Pfanne ohne Fett unter Wenden goldbraun rösten und herausnehmen. Macadamianusskerne grob hacken. Softfrüchte ebenfalls grob hacken. **2** Den Backofen vorheizen. **Ober-/Unterhitze:** etwa 160 °C, **Heißluft:** etwa 140 °C. **3** Zucker, Honig, Limettensaft und Butter in einem Topf zum Kochen bringen. Haferflocken, Sesam, Kokosraspel, Macadamianusskerne und die Softfrüchte hinzugeben. Die Zutaten auf der ausgeschalteten Kochstelle gut vermischen. **4** Die Müslimasse auf ein Backblech (30 x 40 cm, mit Backpapier belegt) streichen und etwas andrücken. Das Backblech in den vorgeheizten Backofen (unteres Drittel) schieben. Die Müslimasse 12–15 Minuten backen, bis sich eine einheitliche Masse gebildet hat. Das Backblech auf einen Kuchenrost stellen. Die Müslimasse etwas abkühlen lassen. **5** Die Müslimasse mit einem Wellenschliffmesser in etwa 40 Riegel schneiden. **6** Für den Guss Schokolade in Stücke brechen, mit der Sahne in einem kleinen Topf im heißen Wasserbad bei schwacher Hitze unter Rühren schmelzen. **7** Die Schokolade eventuell in eine kleine, hohe Schüssel füllen. Die Müsliriegel zur Hälfte in die Schokolade tauchen. Herunterlaufende Schokolade am Schüsselrand abstreifen. Die Riegel auf Backpapier legen. Schokolade fest werden lassen.

TIPP Müsliriegel in einer gut schließenden Dose aufbewahren.

glasnudel-rohkost

FÜR 1 PORTION: 1 EL Sesamsamen (ungeschält) • 10 g frische Ingwerwurzel • Saft von ½ rosa oder weißen Grapefruit (50 ml) • 1 EL dunkles Sesamöl • frisch gemahlenes Meersalz • 75 g Mango (ohne Stein gewogen) • ½ rote Paprikaschote (etwa 100 g) • 1 Möhre (etwa 100 g) • 50 g Glasnudeln • etwas Koriandergrün oder Minze oder Zitronenmelisse ZUBEREITUNGSZEIT: 20 Minuten PRO PORTION: E: 6 g, F: 19 g, Kh: 66 g, kJ: 1947, kcal: 463, BE: 5,0

RAFFINIERT

1 Sesam in einer Pfanne ohne Fett unter Rühren rösten, herausnehmen und auf einem Teller erkalten lassen. Ingwer schälen und in sehr kleine Würfel schneiden. 2 Grapefruitsaft mit Ingwerwürfeln in einer Schüssel verrühren. Sesamöl unterschlagen. Mit Meersalz würzen. 3 Mango halbieren und den Stein herausnehmen. Mangohälften schälen und in feine Streifen schneiden. Paprikaschotenhälfte entstielen, entkernen und die weißen Scheidewände entfernen. Schotenhälfte waschen, abtropfen lassen und in feine Streifen schneiden. Möhre putzen, schälen, abspülen, abtropfen lassen und in feine Streifen hobeln oder raffeln. Mango-, Paprika- und Möhrenstreifen oder -raffel zu der Vinaigrette in die Schüssel geben und untermischen. 4 Glasnudeln in einer Schüssel mit reichlich kochendem Wasser übergießen und in 4–5 Minuten weich werden lassen. Glasnudeln in ein Sieb geben, mit kaltem Wasser abspülen, abtropfen lassen und mit der Küchenschere kürzer schneiden. 5 Die Glasnudeln unter den Salat mischen. Koriandergrün oder Minze oder Melisse abspülen und trocken tupfen. Die Blättchen von den Stängeln zupfen. Blättchen in Streifen schneiden. Die Glasnudel-Rohkost mit dem gerösteten Sesam und den Kräuterstreifen bestreuen.

currybuletten

MIT AVOCADO-JOGHURT UND SESAMKRINGEL

FÜR 4 PORTIONEN: 3 EL (40 g) geröstete, gesalzene Erdnusskerne • 10–12 Minzeblättchen • 50 g Schalotten • 600 g Hackfleisch (halb Rind-/halb Schweinefleisch) • 2 TL mildes Currypulver • 1–2 EL Sambal Oelek • Salz • 2 EL Speiseöl • 250 g Magermilchjoghurt • 1 EL Zitronensaft • 1 reife Avocado • 2 Sesamkringel (erhältlich im türkischen Lebensmittelladen) ZUBEREITUNGSZEIT: 30 Minuten GARZEIT: 5–6 Minuten PRO PORTION: E: 37 g, F: 48 g, Kh: 22 g, kJ: 2793, kcal: 667, BE: 2,0

WÜRZIG

1 Erdnusskerne klein hacken. Minzeblättchen abspülen und trocken tupfen. 5 Minzeblättchen klein schneiden. Restliche Blättchen beiseitelegen. Schalotten abziehen und in kleine Würfel schneiden. **2** Hackfleisch in eine Schüssel geben. Erdnusskerne, Minze, Schalottenwürfel, Curry, Sambal Oelek und Salz hinzufügen. Die Zutaten mit dem Hackfleisch gut vermischen. Die Hackfleischmasse in einen Einwegspritzbeutel oder großen Gefrierbeutel füllen und eine etwa 4 cm große Ecke abschneiden. **3** Die Hackfleischmasse direkt auf ein Schneidbrett zu langen Rollen spritzen und mit einem Messer in etwa 8 cm lange Röllchen schneiden. Speiseöl in einer Pfanne erhitzen. Die Hackfleischröllchen 5–6 Minuten bei mittlerer Hitze goldbraun braten, herausnehmen und auf Küchenpapier abtropfen lassen. **4** Beiseitegelegte Minzeblättchen klein schneiden. Joghurt mit Zitronensaft und Salz glatt rühren, Minze unterrühren. **5** Avocado halbieren und den Stein herausnehmen. Das Fruchtfleisch mit einem Esslöffel aus der Schale lösen. Avocado in kleine Stücke schneiden und sofort unter den Joghurt heben. **6** Currybuletten mit dem Avocado-Joghurt und den Sesamkringeln servieren.

TIPPS Currybuletten mobil verpacken und mit den Sesamkringeln mitnehmen. Dazu passt ein Fläschchen mit frisch gepresstem Orangensaft.

exotischer obstsalat

MIT ZITRONENGRAS-SIRUP

FÜR 2 PORTIONEN UND 350 ML SIRUP AUF VORRAT • FÜR DEN ZITRONENGRAS-SIRUP: 5 Stängel Zitronengras • 50 g frischer Ingwer • 200 g brauner Zucker • 600 ml Apfelsaft • 12 EL Limettensaft FÜR DEN OBSTSALAT: ½ Mango (etwa 300 g) • ½ Papaya (etwa 200 g) • 1 Baby-Ananas • 10 g Kokos-Chips ZUBEREITUNGSZEIT: 30 Minuten PRO PORTION: E: 2 g, F: 4 g, Kh: 45 g, kJ: 954, kcal: 229, BE: 4,0 SIRUP INSGESAMT: E: 1 g, F: 0 g, Kh: 265 g, kJ: 4615, kcal: 1104, BE: 22,0

FÜR GÄSTE

1 Für den Sirup Zitronengrasstängel abspülen, trocken tupfen und mit einem schweren Gegenstand (Hammer) faserig platt klopfen. Die Stangen mit einer Küchenschere in etwa 2 cm lange Stücke schneiden. Ingwer schälen und in dünne Scheiben schneiden. 2 Zucker mit Zitronengrasstücken, Ingwerscheiben, Apfel- und Limettensaft in einem Topf zum Kochen bringen und auf die Hälfte sirupartig einkochen lassen. Den Sirup durch ein feines Sieb in ein verschließbares Gefäß gießen, abkühlen lassen. Sirup kalt stellen. 3 Für den Obstsalat Mango halbieren und den Stein herauslösen. Eine Mangohälfte schälen. Papaya halbieren und von einer Hälfte die Kerne mit einem Löffel herauskratzen. Von der Ananas Blatt- und Strunkende entfernen. Ananas halbieren und den mittleren Strunk entfernen. Mango, Papaya und Ananas in mundgerechte Stücke schneiden und in einer Schüssel mischen. 4 Den Obstsalat und die Kokos-Chips transportfähig verpacken. Etwa 50 ml des Zitronengras-Sirups z. B. in ein kleines Glas füllen und mit einem Twist-off-Deckel® verschließen. 5 Den Sirup vor Ort mit dem Obstsalat mischen und den Salat etwa 5 Minuten ziehen lassen. Den Obstsalat mit den Kokos-Chips bestreuen und genießen.

TIPPS Den restlichen Zitronengras-Sirup zugedeckt im Kühlschrank aufbewahren. Man kann ihn auch sehr gut für kalte Getränke oder im Tee verwenden. Oder zu Pfannkuchen reichen.

hilft immer

FÜR 4 PORTIONEN • FÜR DIE HÜHNERBRÜHE: 1,25 kg Hühnerklein • 2 ½ l Wasser • 300 g Suppengrün (Sellerie, Möhren, Porree [Lauch]) • 125 g Zwiebeln • 100 g Tomaten • 2 Zweige Thymian • 3 Stängel glatte Petersilie • 1 Lorbeerblatt • 10 schwarze Pfefferkörner • Salz FÜR DIE KLÖSSCHEN: 200 ml Milch • 20 g Butter • Salz • frisch geriebene Muskatnuss • 80 g Hartweizengrieß • 2 Möhren • 1 Bund Schnittlauch ZUBEREITUNGSZEIT: 45 Minuten GARZEIT: 1 Stunde 35 Minuten PRO PORTION: E: 30 g, F: 27 g, Kh: 20 g, kJ: 1847, kcal: 442, BE: 1,5

jewish penicillin

MIT GRIESSKLÖSSCHEN

KLASSISCH

1 Für die Brühe Hühnerklein unter fließendem kalten Wasser abspülen, abtropfen lassen und in einen Topf geben. 2 ½ l kaltes Wasser hinzugießen und zum Kochen bringen, eventuell abschäumen. Hühnerklein etwa 1 ½ Stunde bei schwacher Hitze ohne Deckel auf etwa 1,2 l Brühe einkochen lassen. **2** Sellerie und Möhren putzen, schälen, abspülen, abtropfen lassen und in etwa 2 cm große Stücke schneiden. Porree putzen, die Stange längs halbieren, gründlich waschen und abtropfen lassen. Zwiebeln abziehen. Porree und Zwiebeln ebenfalls in etwa 2 cm große Stücke schneiden. Tomaten abspülen und trocken tupfen. Thymian und Petersilie abspülen und trocken tupfen. **3** Suppengrün-, Zwiebelstücke, Tomaten, Thymian, Petersilie, Lorbeerblatt und Pfefferkörner nach etwa 50 Minuten Garzeit zu dem Hühnerklein in den Topf geben, leicht mit Salz würzen, wieder zum Kochen bringen und fertig garen. **4** Die Brühe durch ein feines Sieb in einen Topf gießen. **5** Für die Klößchen Milch mit Butter, Salz und Muskat in einem Topf aufkochen lassen. Den Topf von der Kochstelle nehmen. Den Grieß langsam einstreuen, etwa 1 Minute bei mittlerer Hitze erhitzen. Grießmasse leicht abkühlen lassen. **6** Möhren putzen, schälen, abspülen, abtropfen lassen und in dünne Scheiben schneiden. Die Hühnerbrühe wieder zum Kochen bringen. Die Möhrenscheiben darin 3–4 Minuten kochen lassen. Schnittlauch abspülen, trocken tupfen und in feine Röllchen schneiden. **7** Aus der Grießmasse mit leicht angefeuchteten Händen 12 runde, glatte Klößchen formen. Die Klößchen in leicht kochendem Salzwasser 5–6 Minuten bei schwacher Hitze ziehen lassen. Die Klößchen mit einem Schaumlöffel herausnehmen, in die Hühnerbrühe geben und in Suppentassen füllen. Die Suppe mit Schnittlauchröllchen bestreuen und servieren.

FÜR 14 KEKSE: 50 g Cashewkerne • 125 g weiche Butter • 1 TL gemahlener Ingwer • 150 g Zucker • 2 Eier (Größe S) oder 1 ½ Eier (Größe M) • 1 Pck. Dr. Oetker Bourbon-Vanille-Zucker • 100 g Weizenmehl • 50 g Vollkorn-Weizenmehl • ½ gestr. TL Salz • 1 TL Natron • je 50 g Haselnusskerne und Mandeln • 150 g Haferflocken, blütenzart ZUBEREITUNGSZEIT: 30 Minuten BACKZEIT: 13–15 Minuten je Backblech PRO STÜCK: E: 5 g, F: 15 g, Kh: 27 g, kJ: 1100, kcal: 263, BE: 2,0

FÜR GÄSTE

1 Den Backofen vorheizen. **Ober-/Unterhitze:** etwa 180 °C, **Heißluft:** etwa 160 °C.
2 Cashewkerne im Blitzhacker klein hacken. Butter, Ingwer und Zucker in einer Rührschüssel mit Handrührgerät mit Rührbesen 6–8 Minuten weiß-schaumig schlagen. Eier und Vanille-Zucker unterrühren, noch weitere 2 Minuten schlagen. Beide Mehlsorten mit Salz und Natron mischen, mit einem Kochlöffel unter den Butter-Eier-Schaum rühren. Haselnusskerne und Mandeln hacken, mit Haferflocken und Cashewkernen unter den Teig heben. **3** Aus der Hälfte des Teiges mit einem Esslöffel 7 gleich große Häufchen in großen Abständen auf ein Backblech (mit Backpapier belegt) setzen. Die Teighäufchen mit einem Esslöffel flach formen. Das Backblech in den vorgeheizten Backofen (unteres Drittel) schieben. Die Cookies 13–15 Minuten backen. **4** Die Cookies vom Backblech nehmen und auf einem Kuchenrost erkalten lassen. **5** Den restlichen Teig auf die gleiche Weise zubereiten.

TIPPS Die Cookies in gut schließenden Keksdosen aufbewahren. Zu den Cookies unbedingt eine Tasse grünen Tee trinken. Zum Aufbrühen einige abgespülte und trocken getupfte Zitronenmelisseblättchen hinzugeben. Sie können die Cookies sofort auf 2 Backbleche geben und zusammen bei **Heißluft bei etwa 160 °C in 13–15 Minuten** fertig backen.

jumbo-hafer-nuss-cookies

MIT GRÜNEM TEE

JAPAN
CLASSIC

havana-moon-chili-flip

FÜR 2 PORTIONEN: ¼ rote Chilischote • ¼ Papaya (etwa 75 g) • ¼ Avocado (etwa 75 g) • 1 kleine Banane (etwa 75 g) • 300 ml frisch gepresster Orangensaft • 2 EL Limettensaft • 200 ml Mineralwasser mit Kohlensäure ZUBEREITUNGSZEIT: 15 Minuten PRO PORTION: E: 2 g, F: 7 g, Kh: 20 g, kJ: 658, kcal: 157, BE: 1,5

WÜRZIG

1 Chili abspülen, trocken tupfen, entstielen und vierteln. Chiliviertel fein schneiden. Papaya längs vierteln und die Kerne herausschaben. Papayaviertel schälen. Avocado halbieren und den Stein entfernen. Avocadohälfte vierteln und das Fruchtfleisch mit einem Esslöffel aus der Schale lösen. Banane schälen. **2** Die vorbereiteten Fruchtstücke in grobe Stücke schneiden und in einen Rührbecher geben. Chili, Orangen-, Limettensaft und Mineralwasser hinzugeben. Die Zutaten mit einem Stabmixer oder in einem Elektromixer fein pürieren. **3** Den Flip in 2 Gläsern verteilen, dabei nach Belieben auf Eiswürfel gießen.

FÜR 16 STÜCK • FÜR DEN TEIG: 200 g Edelbitter-Schokolade (70% Kakaoanteil) • 175 g Butter • 125 g Weizenmehl • 1 gestr. TL Dr. Oetker Backin • ¼ gestr. TL Salz • 225 g Zucker • 3 Eier (Größe L) • 3 EL Brandy FÜR DEN GUSS: 200 g Edelbitter-Schokolade (70% Kakaoanteil) • 30 g Schlagsahne • etwas Kakaopulver ZUBEREITUNGSZEIT: 40 Minuten, ohne Abkühlzeit BACKZEIT: 35–40 Minuten PRO STÜCK: E: 5 g, F: 22 g, Kh: 29 g, kJ: 1393, kcal: 333, BE: 2,5

schokoladenkuchen

MIT ALKOHOL

1 Den Boden einer Springform (Ø 20 cm) mit Backpapier belegen. Den Springformrand mit einem Streifen Backpapier auslegen und bis zum Einfüllen des Teiges mit einer Büroklammer feststecken. **2** Den Backofen vorheizen. **Ober-/Unterhitze:** etwa 160 °C, **Heißluft:** etwa 140 °C. **3** Für den Teig Schokolade in Stücke brechen, mit Butter in einem Topf im heißen Wasserbad bei schwacher Hitze unter Rühren schmelzen, etwas abkühlen lassen. **4** Mehl mit Backpulver und Salz gut vermischen. Zucker, Eier und Brandy in einer Rührschüssel mit dem Schneebesen gut verrühren. Schokolade hinzugeben und gleichmäßig mit einem Teigspatel untermischen. Das Mehlgemisch mit dem Teigspatel vorsichtig unterheben. **5** Den Teig in die vorbereitete Form füllen. Büroklammer entfernen. Die Form auf dem Rost in den vorgeheizten Backofen (unteres Drittel) schieben. Den Kuchen 35–40 Minuten backen. **6** Die Form auf einen Kuchenrost stellen. Den Kuchen etwa 2 Stunden in der Form ruhen lassen. Dann den Kuchen vorsichtig aus der Form lösen und auf eine Platte legen. **7** Für den Guss Schokolade in Stücke brechen, mit der Sahne wie unter Punkt 3 beschrieben schmelzen. Den Kuchen mit der Schokolade bestreichen. Schokolade fest werden lassen. **8** Den Kuchen dick mit Kakao bestäuben und in 16 Stücke schneiden.

TIPP Den Schokoladenkuchen nach Belieben mit einer Porzellan-Rose garnieren.

hähnchenschenkel mit kartoffeln AUS DEM OFEN

FÜR 2 PORTIONEN: 2 Hähnchenschenkel vom Bauernhähnchen (je etwa 300 g) • Salz • frisch gemahlener Pfeffer • 100 g Butter • ¼ Bund Thymian • 400 g kleine festkochende Kartoffeln, z. B. Roseval, La Ratte • 1 Knoblauchknolle, möglichst frisch • 150 ml Weißwein • 100 ml Wasser • 1 Zweig Rosmarin • 2–3 Stängel Salbei ZUBEREITUNGSZEIT: 15 Minuten GARZEIT: 70–75 Minuten PRO PORTION: E: 45 g, F: 67 g, Kh: 26 g, kJ: 3917, kcal: 937, BE: 2,0

MIT ALKOHOL

1 Hähnchenschenkel unter fließendem kalten Wasser abspülen und trocken tupfen. Mit Salz und Pfeffer würzen. Hähnchenschenkel in eine große, feuerfeste Form legen. Butter in Flöckchen auf den Hähnchenschenkeln verteilen. **2** Den Backofen vorheizen. **Ober-/Unterhitze:** etwa 200 °C, **Heißluft:** etwa 180 °C.
3 Thymian abspülen und trocken tupfen. Etwa einen Esslöffel Thymianblättchen abstreifen und auf die Hähnchenschenkel streuen. Restlichen Thymian beiseitelegen. **4** Kartoffeln unter fließendem kalten Wasser gründlich abbürsten, abtropfen lassen und halbieren. Kartoffelhälften mit Salz und Pfeffer bestreuen und zu den Hähnchenschenkeln in die Form legen. **5** Knoblauchknolle längs vierteln und in den Zwischenräumen verteilen. Wein und etwa 100 ml Wasser hinzugießen. Die Form auf dem Rost in den vorgeheizten Backofen (unteres Drittel) schieben. Die Hähnchenschenkel mit den Kartoffeln 70–75 Minuten garen. **6** In der Zwischenzeit Rosmarin und Salbei abspülen und trocken tupfen. Etwa 10 Minuten vor Ende der Garzeit den beiseitegelegten Thymian, Rosmarin und Salbei mit in die Form legen. Hähnchenschenkel mit den Kartoffeln fertig garen.

FÜR 1 PORTION: ¼ Bund Schnittlauch • 40 g Crème fraîche • Salz • 1 dünne Scheibe Graubrot • 5 g Butter • 2 Wachteleier • evtl. Kaviar
ZUBEREITUNGSZEIT: 15 Minuten PRO PORTION: E: 6 g, F: 16 g, Kh: 24 g, kJ: 1106, kcal: 266, BE: 2,0

edelstulle

ETWAS BESONDERES

1 Schnittlauch abspülen, trocken tupfen und in feine Röllchen schneiden. Einige Schnittlauchröllchen beiseitelegen. Restliche Schnittlauchröllchen mit Crème fraîche und etwas Salz verrühren. **2** Die Brotscheibe im Toaster rösten. Gleichzeitig Butter in einer Pfanne zerlassen. Die Eier vorsichtig aufschlagen und nebeneinander in das Fett gleiten lassen. Die Eier etwa 5 Minuten bei mittlerer Hitze braten, bis das Eiweiß fest geworden ist. Eier mit Salz bestreuen und aus der Pfanne nehmen. **3** Die Brotscheibe mit den Wachteleiern, mit Crème fraîche und nach Belieben mit Kaviar garnieren. Beiseitegelegte Schnittlauchröllchen daraufstreuen. Sofort servieren.

TIPP Dazu unbedingt ein Gläschen rosa Champagner trinken.

UVET

Oh Yeah!

cannelloni

MIT RICOTTA UND PILZEN

FÜR 10 PORTIONEN • FÜR DIE BÉCHAMELSAUCE: 3 kleine Zwiebeln • 60 g Butter • 4 EL Weizenmehl • 1,2 l Milch • 8 kleine Stängel Salbei • 1 EL fein abgeriebene Schale von 1 Bio-Zitrone (unbehandelt, ungewachst) • Salz • frisch gemahlener, schwarzer Pfeffer • frisch geriebene Muskatnuss FÜR DIE FÜLLUNG: 100 g Pinienkerne • 350 g rosa Champignons • 6 EL Olivenöl • ½ Bund glatte Petersilie • 1,75 kg Ricotta (ital. Frischkäse) • 200 g Parmesan-Käse • 4 Eigelb (Größe M) • etwa 400 g Cannelloni (ohne Vorgaren) • 10 Cocktailtomaten • 12 Kalamata-Oliven ZUBEREITUNGSZEIT: 60 Minuten BACKZEIT: 40–45 Minuten PRO PORTION: E: 38 g, F: 59 g, Kh: 42 g, kJ: 3558, kcal: 849, BE: 3,5

FÜR GÄSTE

1 Für die Sauce Zwiebeln abziehen und in kleine Würfel schneiden. Butter in einem Topf zerlassen. Mehl hinzufügen und unter Rühren so lange erhitzen, bis es hellgelb ist. Milch hinzugießen und mit einem Schneebesen durchschlagen. Dabei darauf achten, dass keine Klümpchen entstehen. **2** Salbeistängel abspülen und trocken tupfen. Von 2 Salbeistängeln die Blättchen von den Stängeln zupfen. Blättchen klein schneiden. Restliche Salbeistängel beiseitelegen. Klein geschnittene Salbeiblättchen und Zitronenschale in die Sauce geben, unter Rühren zum Kochen bringen. Die Sauce mit Salz, Pfeffer und Muskat würzen. **3** Für die Füllung Pinienkerne in einer Pfanne ohne Fett unter Wenden goldbraun rösten, herausnehmen und auf einem Teller erkalten lassen. Pinienkerne in einem Blitzhacker fein hacken oder sehr klein schneiden. **4** Champignons putzen, mit Küchenpapier abreiben, eventuell abspülen, trocken tupfen und in grobe Stücke schneiden. Olivenöl in einer Pfanne erhitzen. Champignonstücke darin unter mehrmaligem Wenden kräftig andünsten. Mit Salz würzen. **5** Petersilie abspülen und trocken tupfen. Die Blättchen von den Stängeln zupfen. Blättchen klein schneiden und unter die Champignonstücke rühren. Champignonmasse erkalten lassen. **6** Den Backofen vorheizen. **Ober-/Unterhitze:** etwa 180 °C **Heißluft:** etwa 160 °C.

7 Ricotta in eine Rührschüssel geben. 150 g Parmesan-Käse fein reiben. Pinienkerne, Champignonmasse, Eigelb und den geriebenen Parmesan-Käse hinzufügen. Die Zutaten gut vermischen. Mit Salz, Pfeffer und Muskat würzen. **8** Die Béchamelsauce etwa 1 cm hoch in eine große Auflaufform (etwa 35 x 25 cm) füllen. Die Ricottamasse in einen Spritzbeutel (oder in einen Gefrierbeutel füllen und eine Ecke abschneiden) füllen. Die Ricottamasse in die Cannelloni-Hülsen spritzen. Eine Lage Cannelloni auf die Sauce in die Form legen und etwas von der Béchamelsauce gleichmäßig daraufgeben. **9** Wieder eine Lage Cannelloni darauflegen. Die restliche Béchamelsauce darauf verteilen. Restlichen Parmesan-Käse fein reiben und daraufstreuen. **10** Die Form auf dem Rost in den vorgeheizten Backofen (unteres Drittel) schieben. Die Cannelloni 40–45 Minuten goldbraun backen. **11** Tomaten abspülen, trocken tupfen, entstielen, halbieren und die Stängelansätze herausschneiden. Nach etwa 30 Minuten Backzeit die beiseitegelegten Salbeistängel, Tomatenhälften und Oliven auf die Cannelloni legen. Mit grob gemahlenem Pfeffer bestreuen. Cannelloni fertig backen.

FÜR 4 PORTIONEN: 100 g Zwiebeln • 20 g frische Ingwerwurzel • 300 g Süßkartoffeln • 8 Pimentkörner • 5 Wacholderbeeren • 30 g Butter • 150 ml Möhrensaft • 100 ml Orangensaft • 500 ml (½ l) Geflügelbrühe • Salz • je 1 TL fein abgeriebene Bio-Orangen- und -Zitronenschale (unbehandelt, ungewachst) • 40 g frische Meerrettichwurzel • ½ Bund Schnittlauch • 50 g gemischtes Backobst • 1 EL Speiseöl • 4 Scheiben Bacon (Frühstücksspeck) ZUBEREITUNGSZEIT: 35 Minuten GARZEIT: etwa 20 Minuten PRO PORTION: E: 5 g, F: 11 g, Kh: 29 g, kJ: 1017, kcal: 243, BE: 2,0

süßkartoffelsuppe

MIT BACKOBST UND BACON

RAFFINIERT

1 Zwiebeln abziehen und in kleine Würfel schneiden. Ingwerwurzel abspülen, trocken tupfen und mit der Schale klein würfeln. **2** Süßkartoffeln waschen, dick schälen, abspülen, abtropfen lassen und in grobe Würfel schneiden. Pimentkörner und Wacholderbeeren grob zerstoßen. Butter in einem Topf zerlassen. Die vorbereiteten Zutaten darin kräftig unter Rühren andünsten. Möhren-, Orangensaft und Brühe hinzugießen, mit Salz würzen. Die Zutaten zum Kochen bringen und etwa 20 Minuten ohne Deckel kochen lassen. **3** Die Suppe fein pürieren und anschließend durch ein feines Sieb in einen Topf gießen. Die Rückstände im Sieb gut ausdrücken. Orangen- und Zitronenschale unterrühren. Eventuell mit Salz abschmecken. **4** Meerrettich waschen, schälen, abspülen und abtropfen lassen. Schnittlauch abspülen, trocken tupfen und in feine Röllchen schneiden. Backobst in kleine Würfel schneiden. **5** Speiseöl in einer Pfanne erhitzen. Baconscheiben darin von beiden Seiten knusprig ausbraten, herausnehmen und auf Küchenpapier abtropfen lassen. **6** Die Suppe nochmals erhitzen. Backobstwürfel hineingeben. Die Suppe anrichten. Meerrettich darüberschaben und mit Schnittlauchröllchen bestreuen. Baconscheiben dazureichen.

zitrusrisotto

MIT LACHS UND MARINIERTEN KRÄUTERN

FÜR 1 PORTION: 50 ml frisch gepresster Orangensaft • 1 TL Himbeeressig • 2 EL Olivenöl • frisch gemahlenes Meersalz • frisch gemahlener, weißer Pfeffer • 1 kleine Handvoll Kräuterblätter, z. B. Kerbel, Dill, Pimpinelle, Basilikum, Petersilie • 1 Schalotte • 300 ml gute Hühnerbrühe (evtl. aus gekörnter Bio-Brühe) • 50 g Schlagsahne • 75 g Risottoreis (z. B. Carnaroli) • 150 g Lachsfilet ohne Haut und Gräten • je 1 TL fein abgeriebene Schale von 1 Bio-Orange, -Zitrone und -Limette (unbehandelt, ungewachst) ZUBEREITUNGSZEIT: 45 Minuten GARZEIT RISOTTO: 18–20 Minuten GARZEIT LACHSFILET: 5–6 Minuten PRO PORTION: E: 37 g, F: 42 g, Kh: 71 g, kJ: 3421, kcal: 818, BE: 5,5

ETWAS AUFWENDIGER

1 Zwei Esslöffel des Orangensaftes mit Himbeeressig und 1 Teelöffel des Olivenöls verrühren. Mit Salz und etwas grob gemahlenem, weißen Pfeffer verrühren. Die Kräuterblätter abspülen, trocken tupfen und kalt stellen. **2** Schalotte abziehen und in kleine Würfel schneiden. Brühe mit der Sahne in einem Topf erhitzen. Einen Esslöffel des restlichen Olivenöls in einem weiteren Topf erhitzen. Schalottenwürfel darin bei mittlerer Hitze kräftig andünsten. Reis hinzugeben und kurz glasig weiß andünsten. Mit restlichem Orangensaft ablöschen und ganz einkochen lassen. ⅛ der Brühe hinzugeben und kochen lassen. Mit Salz würzen. **3** Das Risotto in 18–20 Minuten al dente garen, dabei nach und nach die restliche Brühe hinzugießen und sehr häufig umrühren. **4** Lachsfilet unter fließendem kalten Wasser abspülen, trocken tupfen und mit Salz würzen. Restliches Olivenöl in einer beschichteten Pfanne erhitzen. Lachsfilet von jeder Seite etwa 1 Minute bei mittlerer Hitze braten. Die Pfanne von der Kochstelle nehmen und mit einem Deckel verschließen. Lachsfilet darin 3–4 Minuten nachziehen lassen. **5** Die kalt gestellten Kräuterblätter mit der Vinaigrette marinieren. Limetten-, Zitronen- und Orangenschale unter das Risotto rühren und anrichten. Lachsfilet nach Belieben etwas zerzupfen und mit den marinierten Kräuterblättern auf dem Risotto verteilen.

pochiertes rinderfilet

FÜR 4 PORTIONEN: 500 g reife Birnen, z. B. Williams • 3 EL Zitronensaft • 2 EL Zucker • 1–2 EL Tafelmeerrettich • Salz • 8 Möhren • 8 Petersilienwurzeln • etwa 3 l Rinderbrühe • je ½ Bund Thymian und Liebstöckel • 4 magere Rinderfilet-Mittelstücke (je etwa 180 g) • 2 Stängel Petersilie • 4 Schnittlauchhalme • 2 EL grobes Meersalz ZUBEREITUNGSZEIT: 45 Minuten GARZEIT: etwa 18 Minuten PRO PORTION: E: 47 g, F: 9 g, Kh: 41 g, kJ: 1832, kcal: 437, BE: 3,0

FÜR GÄSTE

1 Birnen schälen, vierteln, entkernen, mit Zitronensaft und Zucker in einen Topf geben. Birnenviertel zugedeckt etwa 10 Minuten weich dünsten. Birnenviertel grob zerdrücken, mit Meerrettich und Salz vermischen. **2** Möhren und Petersilienwurzeln putzen, schälen, abspülen und abtropfen lassen. Brühe in einem Topf zum Kochen bringen. Möhren und Petersilienwurzeln hinzugeben, wieder zum Kochen bringen und zugedeckt etwa 4 Minuten kochen lassen. **3** Thymian und Liebstöckel abspülen und trocken tupfen. Ein Metallsieb oder einen Dämpfeinsatz damit auslegen. Rinderfilets mit Küchenpapier trocken tupfen. Mit Salz würzen. Rinderfilets nebeneinander in das Sieb oder den Dämpfeinsatz legen. Topf und Sieb oder Dämpfeinsatz sollten die Größe haben, dass das Sieb oder der Dämpfeinsatz nicht auf dem Topfboden aufliegt. **4** Das Sieb oder den Dämpfeinsatz in die kochende Brühe zum Gemüse geben. Die Rinderfilets müssen beim Garen mit reichlich Brühe bedeckt sein. Rinderfilets auf der ausgeschalteten Kochstelle zugedeckt etwa 14 Minuten gar ziehen lassen. Die Brühe darf nicht mehr kochen. **5** Petersilie und Schnittlauch abspülen und trocken tupfen. Die Blättchen von den Petersilienstängeln zupfen. Blättchen grob hacken. Schnittlauch in Röllchen schneiden. Petersilie und Schnittlauchröllchen mit dem Meersalz im Mörser fein zerstoßen. **6** Das Sieb oder den Dämpfeinsatz aus der Brühe nehmen. Die Rinderfilets abtropfen lassen und mit dem Kräutersalz bestreuen. **7** Das Gemüse mit einem Schaumlöffel aus der Brühe nehmen und abtropfen lassen. **8** Rinderfilets mit dem Birnen-Meerrettich und dem Gemüse anrichten. Mit etwas Brühe servieren.

TIPP Dazu passen in Butterbröseln geschwenkte Salzkartoffeln.

mit mascarpone und champignons

ETWAS BESONDERES

FÜR 4 PORTIONEN: 1,25 kg mehligkochende Kartoffeln • Salzwasser • ½ Bund glatte Petersilie • 300 g rosa Champignons • 40 g Serano-Schinken (etwa 4 Scheiben) • 200 g sehr kleine Strauchtomaten • 6 EL Olivenöl • 20 g Kapern • 1 EL Balsamico-Essig • Salz • frisch gemahlener, schwarzer Pfeffer • 200 ml Milch • 50 g Mascarpone (ital. Frischkäse) **ZUBEREITUNGSZEIT:** 40 Minuten **GARZEIT:** Tomaten-Champignon-Mischung 10–12 Minuten **PRO PORTION:** E: 13 g, F: 20 g, Kh: 42 g, kJ: 1716, kcal: 409, BE: 3,5

1 Kartoffeln waschen, schälen, abspülen und abtropfen lassen. Kartoffeln mit Salzwasser bedeckt zum Kochen bringen und zugedeckt in 20–25 Minuten gar kochen. **2** In der Zwischenzeit Petersilie abspülen und trocken tupfen. Die Blättchen von den Stängeln zupfen. Blättchen grob zerschneiden. **3** Champignons putzen, mit Küchenpapier abreiben, eventuell abspülen, trocken tupfen und waagerecht halbieren. Schinkenscheiben in kleine Stücke schneiden. Tomaten abspülen, abtrocknen und die Stängelansätze herausschneiden. **4** Zwei Esslöffel des Olivenöls in einer Pfanne erhitzen. Tomaten, abgetropfte Kapern, Essig, Salz und Pfeffer hinzugeben, unter gelegentlichem Wenden 6–8 Minuten bei schwacher Hitze garen, bis die Tomaten leicht aufplatzen. **5** Einen Esslöffel des restlichen Olivenöls in einer zweiten, großen Pfanne erhitzen. Die Schinkenstücke darin von beiden Seiten knusprig braten, herausnehmen und auf Küchenpapier abtropfen lassen. **6** Restliches Olivenöl in der Pfanne erhitzen. Die Champignonhälften darin rundum etwa 4 Minuten bei starker Hitze kräftig goldbraun braten. Mit Salz würzen. Tomaten, Schinkenstücke und Petersilie vorsichtig untermischen. **7** Die Milch erhitzen. Die garen Kartoffeln abgießen, sofort durch eine Kartoffelpresse zurück in den heißen Topf drücken. Milch, Mascarpone und etwas Salz mit einem Kochlöffel kurz und glatt unterrühren. Kartoffelpüree in einer Schüssel anrichten. Die Tomaten-Champignon-Mischung daran verteilen.

kartoffelpüree

mit asiatischen aromen

RAFFINIERT

FÜR 4 PORTIONEN: 4 Stangen Zitronengras • 2 Kaffirblätter (Limettenblätter) • 1,25 kg mehligkochende Kartoffeln • Salzwasser • 2 EL Sesamsamen • 200 ml Kokosmilch • fein abgeriebene Schale von 2 Bio-Limetten (unbehandelt, ungewachst) • ½ TL getrocknete Chilibrösel • evtl. Salz • ½ Bund Koriandergrün **ZUBEREITUNGSZEIT:** 20 Minuten **PRO PORTION:** E: 7 g, F: 4 g, Kh: 42 g, kJ: 1007, kcal: 240, BE: 3,5

1 Zitronengras mit einem schweren Gegenstand faserig flach klopfen. Zitronengras kurz abspülen und trocken tupfen. Kaffirblätter ebenfalls abspülen und trocken tupfen. Kartoffeln waschen, schälen, abspülen und abtropfen lassen. Kartoffeln mit Salzwasser bedeckt zum Kochen bringen. Zitronengras und Kaffirblätter hinzugeben. Kartoffeln zugedeckt in 20–25 Minuten gar kochen. **2** In der Zwischenzeit Sesam in einer Pfanne ohne Fett unter Wenden goldbraun rösten. Kokosmilch erhitzen. **3** Die garen Kartoffeln abgießen, Zitronengras und Kaffirblätter entfernen. Kartoffeln sofort durch eine Kartoffelpresse zurück in den heißen Topf drücken. Die heiße Kokosmilch hinzugießen und mit einem Holzlöffel glatt rühren. Limettenschale und Chilibrösel unterrühren, nach Belieben mit Salz nachwürzen. **4** Koriander abspülen und trocken tupfen. Die Blättchen von den Stängeln zupfen. Blättchen grob zerschneiden. **5** Kartoffelpüree in einer Schüssel anrichten. Mit Sesam bestreuen und Koriander garnieren.

FÜR 4 PORTIONEN: 1 kg festkochende Kartoffeln • Salzwasser FÜR DIE TAPENADE: 1 TL frische Thymianblättchen • 75 g getrocknete Tomaten in Öl • 3 EL Tomatenöl (von den Tomaten) • 150 g Crème fraîche • 100 g Schlagsahne oder 100 ml Milch • Salz • frisch gemahlener Pfeffer • 8–10 schöne Salbeiblättchen • 2 EL Olivenöl ZUBEREITUNGSZEIT: 40 Minuten PRO PORTION: E: 7 g, F: 30 g, Kh: 37 g, kJ: 1877, kcal: 450, BE: 3,0

grob gestampftes kartoffelpüree

MIT TAPENADE UND GETROCKNETEN TOMATEN

VEGETARISCH

1 Kartoffeln waschen, schälen, abspülen und abtropfen lassen. Kartoffeln mit Salzwasser bedeckt zum Kochen bringen und zugedeckt in 20–25 Minuten gar kochen. **2** In der Zwischenzeit für die Tapenade Thymianblättchen abspülen und trocken tupfen. Die Tomaten grob zerkleinern, mit 3 Esslöffeln des Tomatenöls und den Thymianblättchen im Blitzhacker fein pürieren. **3** Die garen Kartoffeln in einem Sieb abtropfen lassen und sofort wieder in den heißen Topf geben. Kartoffeln mit einem Kartoffelstampfer grob zerdrücken. Crème fraîche und Sahne oder Milch mit einem Holzlöffel unterrühren. Mit Salz und Pfeffer würzen. Kartoffelpüree zugedeckt in dem Topf warm halten. **4** Von dem Crème-fraîche-Becher den Boden mit der Küchenschere abschneiden. Den Becher abspülen, abtrocknen und auf einen kleinen Teller stellen. Zuerst Kartoffelpüree zur Hälfte einfüllen. Dann etwas Tapenade (Tomatenpaste) daraufgeben. Eine weitere Schicht Kartoffelpüree einfüllen und leicht andrücken. Den Becher abheben. Die weiteren Pürees auf die gleiche Weise anrichten. **5** Salbeiblättchen abspülen und trocken tupfen. Olivenöl in einer Pfanne erhitzen. Die Salbeiblättchen darin von beiden Seiten knusprig anrösten, herausnehmen und mit dem Salbeiöl auf den Pürees verteilen.

geschmortes ofengemüse

MIT WALNUSSPESTO

FÜR 4 PORTIONEN • FÜR DAS OFENGEMÜSE: 500 g kleine Kartoffeln (je etwa 50 g) • 250 g dicke Bundmöhren • 275 g dicke Pastinaken • Salz • 10 Wacholderbeeren • 1 TL Koriandersamen • 5 EL Olivenöl • 300 ml Gemüsebrühe (evtl. gekörnte Bio-Brühe) • 300 g Hokkaido-Kürbis • 1 TL Zucker • Cayennepfeffer • 4 Stängel Thymian FÜR DAS PESTO: 25 g Walnusskerne • ½ Bund glatte Petersilie • 2 EL Walnussöl • 1 TL mittelscharfer Senf • frisch gemahlener, schwarzer Pfeffer • 25 g Bergkäse am Stück ZUBEREITUNGSZEIT: 30 Minuten GARZEIT: etwa 60 Minuten PRO PORTION: E: 7 g, F: 24 g, Kh: 27 g, kJ: 1503, kcal: 359, BE: 2,0

VEGETARISCH

1 Den Backofen vorheizen. **Ober-/Unterhitze:** etwa 200 °C, **Heißluft:** etwa 180 °C. **2** Für das Ofengemüse Kartoffeln unter fließendem kalten Wasser gründlich abbürsten, trocken tupfen und mit der Schale halbieren. Möhren und Pastinaken putzen, schälen, abspülen, abtropfen lassen und der Länge nach halbieren. Kartoffel-, Möhren- und Pastinakenhälften auf ein Backblech geben. Mit Salz, Wacholderbeeren, Koriander, 2 Esslöffeln Olivenöl und 150 ml der Brühe mischen und gleichmäßig verteilen. Das Backblech in den vorgeheizten Backofen schieben. Die Kartoffeln mit dem Gemüse etwa 60 Minuten garen. Dabei nach und nach die restliche Brühe hinzugießen. **3** In der Zwischenzeit den Kürbis halbieren. Die Kerne mit einem Löffel herausschaben. Kürbishälften in etwa 3 cm breite Spalten schneiden. Kürbisspalten schälen, mit Salz, Zucker und Cayennepfeffer einreiben. Thymian abspülen und trocken tupfen. Kürbisspalten und Thymianstängel nach etwa 20 Minuten Garzeit zu den Kartoffeln und dem Gemüse auf das Backblech geben. **4** Für das Pesto Walnusskerne grob hacken. Petersilie abspülen und trocken tupfen. Die Blättchen von den Stängeln zupfen. Blättchen grob zerkleinern. Walnusskerne und Petersilie mit dem Walnussöl, restlichem Olivenöl, Senf, Salz und Pfeffer im Blitzhacker zu einem Pesto pürieren. Bergkäse entrinden, fein reiben und unter das Pesto rühren. **5** Das Ofengemüse mit dem Pesto beträufeln und sofort servieren.

rustikaler kürbiskuchen

FÜR 4 PORTIONEN: 300 g Weizenmehl (Type 550) • 1 TL Dr. Oetker Trockenbackhefe • 1 gestr. TL Salz • 1 TL Kümmelsamen • 225 ml lauwarmes Wasser • 2 EL Walnussöl • 250 g Hokkaido-Kürbis • 100 g Zwiebeln • je 50 g Ziegengouda- und Gruyère-Käse • 75 g durchwachsener Speck in Scheiben • 75 g Crème fraîche • Salz • 4 Zweige Majoran • frisch gemahlener, schwarzer Pfeffer ZUBEREITUNGSZEIT: 40 Minuten, ohne Teiggehzeit BACKZEIT: etwa 25 Minuten PRO PORTION: E: 19 g, F: 25 g, Kh: 59 g, kJ: 2267, kcal: 542, BE: 5,0

FÜR GÄSTE

1 Für den Teig Mehl in eine Rührschüssel geben, mit Trockenbackhefe sorgfältig vermischen. Salz, Kümmel, lauwarmes Wasser und Walnussöl hinzugeben. Die Zutaten mit Handrührgerät mit Knethaken zunächst kurz auf niedrigster, dann auf höchster Stufe in etwa 5 Minuten zu einem glatten Teig verarbeiten. Den Teig zugedeckt etwa 90 Minuten an einem warmen Ort gehen lassen. **2** In der Zwischenzeit von dem Kürbisstück die Kerne mit einem Löffel herausschaben. Kürbis schälen und das Fruchtfleisch in sehr dünne Scheiben schneiden oder hobeln. Zwiebeln abziehen und in dünne Streifen schneiden. Den Käse grob reiben. Speckscheiben in etwa 1 cm breite Streifen schneiden. **3** Den Backofen vorheizen. **Ober-/Unterhitze:** etwa 240 °C, **Heißluft:** etwa 220 °C.

4 Den gegangenen Teig leicht mit Mehl bestäuben und aus der Schüssel nehmen. Den Teig auf einem Backblech (mit Backpapier belegt) mit angefeuchteten Händen zu einem etwa 1 cm dicken Fladen formen. **5** Den Teigfladen zuerst mit Crème fraîche bestreichen. Kürbisscheiben leicht mit Salz bestreuen und darauflegen. Zwiebelstreifen daraufstreuen und den Käse darauf verteilen. **6** Majoran abspülen und trocken tupfen. Den Teigfladen mit den Speckstreifen und Majoranzweigen belegen. Mit grob gemahlenem Pfeffer bestreuen. Das Backblech in den vorgeheizten Backofen (untere Schiene) schieben. Den Kürbiskuchen etwa 25 Minuten backen.

FÜR 4 PORTIONEN: **4 Ofenkartoffeln (je etwa 300 g) • 1 EL grobes Meersalz** PRO PORTION: **E: 6 g, F: 0 g, Kh: 44 g, kJ: 894, kcal: 213, BE: 4,0**

1 Den Backofen vorheizen. **Ober-/Unterhitze:** etwa 200 °C, **Heißluft:** etwa 180 °C. **2** Kartoffeln unter fließendem kalten Wasser gründlich abbürsten und abtropfen lassen. Feuchte Kartoffeln mit Meersalz einreiben. Die Kartoffeln rundherum mehrmals mit einer Gabel einstechen, auf einen Backofenrost legen und in den vorgeheizten Backofen schieben. Die Kartoffeln 65–70 Minuten garen. **3** Die Kartoffeln vom Backofenrost nehmen. Kartoffeln der Länge nach mit einer Gabel eindrücken und auseinanderdrücken.

baked potatoes

kräuteröl-topping

FÜR 4 PORTIONEN: **100 g Zwiebeln • 1 Knoblauchzehe • 5 Stängel Thymian • ¼ Bund glatte Petersilie • 50 ml Olivenöl • Salz • frisch gemahlener Pfeffer • 1 EL kleine Kapern • 1 TL fein abgeriebene Schale von 1 Bio-Zitrone (unbehandelt, ungewachst)** PRO PORTION: **E: 0 g, F: 13 g, Kh: 2 g, kJ: 500, kcal: 120, BE: 0,0**

1 Zwiebeln und Knoblauch abziehen. Zwiebeln in kleine Würfel, Knoblauch in dünne Scheiben schneiden. Thymian und Petersilie abspülen, trocken tupfen. Die Blättchen von den Stängeln zupfen. Blättchen grob zerkleinern. Olivenöl in einer Pfanne erhitzen. Zwiebelwürfel und Knoblauchscheiben darin andünsten. Mit Salz und Pfeffer würzen. Thymian, Petersilie, abgetropfte Kapern und Zitronenschale unterrühren. Das Kräuteröl noch lauwarm auf die heißen Baked Potatoes geben.

rucola-tomaten-quark-topping

FÜR 4 PORTIONEN: **20 g weiche, getrocknete Tomaten ohne Öl • Salz • grob gemahlener, schwarzer Pfeffer • 40 g fein geriebener Pecorino- oder Parmesan-Käse • 400 g Speisequark (Magerstufe) • 50 g Rucola (Rauke)** PRO PORTION: **E: 17 g, F: 4 g, Kh: 5 g, kJ: 521, kcal: 124, BE: 0,5**

1 Tomaten in sehr kleine Würfel schneiden, mit Salz, Pfeffer, Käse und Quark verrühren. Rucola putzen und die harten Stiele abschneiden. Rucola waschen, trocken tupfen oder -schleudern und grob zerkleinern. Rucola unter die Quark-Käse-Masse rühren. Sofort servieren.

paprika-chorizo-topping

FÜR 4 PORTIONEN: **75 g Baby-Spinat (Spinat-Salat) • 40 g Chorizowurst (in Scheiben) • 2 gelbe Paprikaschoten • ½ rote Peperoni • 3 EL Olivenöl • 50 g Cheddar-Käse, grob geraffelt • Salz** PRO PORTION: **E: 7 g, F: 16 g, Kh: 5 g, kJ: 790, kcal: 189, BE: 0,0**

1 Spinat verlesen, gründlich waschen, trocken tupfen oder -schleudern und grob zerschneiden. Chorizoscheiben in kleine Stücke schneiden. Paprikaschoten halbieren, entstielen, entkernen und die weißen Scheidewände entfernen. Schotenhälften waschen, abtropfen lassen und der Länge nach in feine Streifen schneiden. Peperoni abspülen, trocken tupfen, entstielen und halbieren. Peperonihälfte mit den Kernen in dünne Scheiben schneiden. **2** Olivenöl in einer Pfanne erhitzen. Paprikastreifen und Peperonischeiben darin unter Rühren kräftig andünsten. Chorizostücke hinzugeben und kurz mit andünsten. Spinat untermischen und ganz kurz zusammenfallen lassen. Cheddar-Käse untermengen. Mit wenig Salz würzen. Paprika-Chorizo-Topping noch heiß auf die Baked Potatoes geben.

MIT RAUKE, RÄUCHERSCHINKEN UND PINIENKERNEN IN HONIG-WACHOLDER-BUTTER

meerrettich-gnocchi

FÜR 2 PORTIONEN: 500 g mehligkochende Kartoffeln • Salzwasser • 1 Ei (Größe S) • 125 g Weizenmehl • 25 g Hartweizengrieß • 25 g fein geriebene Meerrettichwurzel • Salz • 5 Wacholderbeeren • 40 g Rucola (Rauke) • 2 Scheiben Schwarzwälder Schinken • Salzwasser • 30 g Butter • 20 g Pinienkerne • 2 EL flüssiger Honig ZUBEREITUNGSZEIT: 90 Minuten GARZEIT: Gnocchi 2–3 Minuten PRO PORTION: E: 22 g, F: 22 g, Kh: 108 g, kJ: 3067, kcal: 733, BE: 9,0

RAFFINIERT

1 Kartoffeln unter fließendem kalten Wasser gründlich abbürsten. Kartoffeln mit Salzwasser bedeckt zum Kochen bringen und in etwa 25 Minuten weich kochen. Kartoffeln abgießen, abdämpfen und heiß pellen. Kartoffeln durch eine Kartoffelpresse in eine Rührschüssel drücken. **2** Ei, Mehl, Grieß und 15 g des geriebenen Meerrettichs hinzugeben und rasch verkneten, dabei mit Salz würzen. Den Teig auf einer leicht bemehlten Arbeitsfläche zu Rollen formen. Die Teigrollen in etwa 2 cm breite Scheiben schneiden. Die einzelnen Teigscheiben mit der Gabelspitze eindrücken. Gnocchi auf ein bemehltes Brett legen. **3** Wacholderbeeren fein zerstoßen. Rucola putzen und die dicken Stiele abschneiden. Rucola waschen, gut abtropfen lassen und grob zerschneiden. Schinken in kleine Stücke schneiden. **4** Salzwasser in einem Topf zum Kochen bringen. Gnocchi hinzugeben und in 2–3 Minuten gar ziehen lassen, bis sie an der Oberfläche schwimmen. Gnocchi mit einem Schaumlöffel herausnehmen und gut abtropfen lassen. **5** Butter in einer Pfanne zerlassen. Die Pinienkerne darin unter Wenden rösten. Schinkenstücke und zerdrückte Wacholderbeeren darin kurz schwenken. Rucola hinzugeben und zusammenfallen lassen. Honig unterrühren. Mit etwas Salz würzen. **6** Die Gnocchi in eine Schüssel geben. Mit der Honig-Wacholder-Butter beträufeln und mit dem restlichen Meerrettich bestreuen.

FÜR 2 PORTIONEN: 10 Garnelen ohne Kopf, mit Schale (je etwa 20 g) • 1 Bio-Orange (unbehandelt, ungewachst) • 1 EL Sambal Oelek • ½ TL Currypulver • 1 Bio-Limette (unbehandelt, ungewachst) • 2 l Wasser • 2 gestr. TL Salz • 200 g Spaghetti • 200 ml Kokosmilch • 20 g Ingwerwurzel • Salz • 2 EL Olivenöl • 2 Stängel Basilikum ZUBEREITUNGSZEIT: 40 Minuten PRO PORTION: E: 32 g, F: 30 g, Kh: 86 g, kJ: 3145, kcal: 755, BE: 7,0

spaghetti

MIT KOKOSMILCH UND GARNELEN

EXOTISCH

1 Garnelenschale bis auf das letzte Segment ablösen. Den Darm jeweils entfernen. Garnelen kurz unter fließendem kalten Wasser abspülen und trocken tupfen. **2** Orange heiß abwaschen, abtrocknen und die Schale dünn abschälen. Orangenschale in feine Streifen schneiden. Orange halbieren und den Saft auspressen. Orangenschale mit -saft, Sambal Oelek und Curry mischen. **3** Limette heiß abwaschen, abtrocknen und die Schale fein abreiben. Limette halbieren, den Saft auspressen und 3 Esslöffel abmessen. **4** Wasser in einem großen Topf mit geschlossenem Deckel zum Kochen bringen. Dann Salz und Spaghetti hinzugeben. Die Spaghetti im geöffneten Topf bei mittlerer Hitze nach Packungsanleitung kochen lassen, dabei zwischendurch 4–5-mal umrühren. **5** Anschließend die Spaghetti in ein Sieb geben, mit heißem Wasser abspülen und abtropfen lassen. **6** In der Zwischenzeit Kokosmilch in einem Topf zum Kochen bringen und etwa 5 Minuten bei mittlerer Hitze ohne Deckel einkochen lassen. Ingwer schälen, fein reiben und hinzugeben. Limettenschale und -saft unterrühren. Mit Salz würzen. **7** Olivenöl in einer Pfanne erhitzen. Garnelen mit Salz bestreuen, in die Pfanne legen und von jeder Seite etwa 1 Minute bei mittlerer Hitze anbraten, mit dem Sambal-Orangen-Gemisch ablöschen und etwa 1 Minute einkochen lassen. **8** Basilikum abspülen und trocken tupfen. Die Blättchen von den Stängeln zupfen. Blättchen grob zerschneiden. Die Spaghetti mit der heißen Kokosmilch mischen und anrichten. Garnelen daran verteilen. Mit Basilikum bestreuen.

feigen-senf-chutney

ETWA 1 ½ L, FÜR 6 GLÄSER JE 250 ML: 750 g rote Zwiebeln • 125 g getrocknete Feigen • 50 g frische Ingwerwurzel • 1 Bio-Orange (unbehandelt, ungewachst) • 125 ml (⅛ l) Rotweinessig • 1 l Wasser • 1 EL Senfkörner • 1 TL Koriandersamen • 1 EL grob gemahlener, schwarzer Pfeffer • Salz • 500 g Extra Gelierzucker 2:1 • 2 EL grob körniger Senf • 2 EL Dijonsenf ZUBEREITUNGSZEIT: 25 Minuten GARZEIT: etwa 93 Minuten PRO PORTION: E: 4 g, F: 2 g, Kh: 104 g, kJ: 1953, kcal: 462, BE: 8,0

RAFFINIERT

1 Zwiebeln abziehen und achteln. Feigen ebenfalls achteln. Ingwer schälen und sehr fein würfeln. Orange heiß abwaschen und abtrocknen. Ein Achtel der Orange mit einem Sparschäler dünn abschälen. Eventuell vorhandene weiße Haut vollständig abschneiden. Die Orangenschale klein würfeln. Die Orange halbieren und den Saft auspressen. Die vorbereiteten Zutaten in einen Topf geben. **2** Essig, Wasser, Senfkörner, Koriander, Pfeffer und etwas Salz hinzugeben. Die Zutaten zum Kochen bringen und etwa 90 Minuten bei schwacher Hitze ohne Deckel unter gelegentlichem Rühren bis auf etwa 950 ml einkochen lassen. **3** Dann Gelierzucker und die beiden Senfsorten unterrühren, zum Kochen bringen und unter ständigem Rühren mindestens 3 Minuten sprudelnd kochen lassen. **4** Das Chutney sofort randvoll in vorbereitete Gläser füllen, mit Twist-off-Deckeln® verschließen, umdrehen und etwa 5 Minuten auf den Deckeln stehen lassen.

TIPPS Das Chutney schmeckt toll zu Käse, z. B. zu jungem Ziegen-Weichkäse aber auch zu Geflügel, Wild, auf Sandwiches, zu kaltem Braten etc. Man kann es auf Vorrat herstellen und schön eingepackt auch gut verschenken.

scharfes rindercurry

ETWAS BESONDERES

FÜR 4 PORTIONEN: 150 g Zwiebeln • 4 Knoblauchzehen • 60 g frische Ingwerwurzel • ½–1 rote Chilischote • 1 EL Kurkuma (Gelbwurz) • 1 TL gemahlener Kreuzkümmel • 2 EL Paprikapulver edelsüß • 1 kg durchwachsenes Rindergulasch am Stück (Rinderschulter) • 4 EL Speiseöl • Salz • 800 ml ungesüßte Kokosmilch • 3 Kaffirblätter (Limettenblätter) • evtl. 1–2 TL Speisestärke • etwas Wasser • 1 Baby-Ananas • 12 Cocktailtomaten • 4 Stängel Thai-Basilikum **ZUBEREITUNGSZEIT:** 45 Minuten, ohne Marinierzeit **GARZEIT:** 92–93 Minuten **PRO PORTION:** E: 52 g, F: 33 g, Kh: 25 g, kJ: 2560, kcal: 609, BE: 1,5

1 Zwiebeln und Knoblauch abziehen, jeweils grob zerkleinern. Ingwer schälen und fein reiben. Chilischote abspülen, trocken tupfen, entstielen und mit den Kernen grob hacken. **2** Zwiebeln, Knoblauch, Ingwer und Chili in einen Blitzhacker geben. Mit Kurkuma, Kreuzkümmel und Paprika fein hacken (nicht pürieren). **3** Das Rindfleisch mit Küchenpapier trocken tupfen, in etwa 20 g schwere Stücke schneiden und in eine flache Schale geben. Die Gewürzmischung gut untermischen. Die Fleischstücke zugedeckt über Nacht im Kühlschrank marinieren. **4** Speiseöl in einem weiten Topf erhitzen. Die marinierten Fleischstücke mit Salz würzen und in dem erhitzten Speiseöl von allen Seiten bei starker Hitze anbraten. Kokosmilch und abgespülte, trocken getupfte Kaffirblätter hinzugeben. Die Zutaten zum Kochen bringen. Die Fleischstücke zugedeckt etwa 90 Minuten bei schwacher Hitze leicht kochen lassen. **5** Nach Belieben Speisestärke mit etwas Wasser anrühren, in das Rindercurrry rühren und unter Rühren kurz aufkochen lassen. **6** Von der Ananas Blatt- und Strunkende entfernen. Ananas dick schälen, der Länge nach halbieren und den harten Mittelstrunk herausschneiden. Ananas in dünne Scheiben schneiden. Tomaten abspülen, trocken tupfen und die Stängelansätze entfernen. **7** Ananasscheiben und Tomaten in das Rindercurry geben und noch 2–3 Minuten mitkochen lassen. **8** Basilikum abspülen und trocken tupfen. Die Blättchen von den Stängeln zupfen. Basilikumblättchen in das Rindercurry geben.

currys

gemüsecurry

VEGETARISCH

FÜR 2 PORTIONEN: 1 rote Paprikaschote • 100 g frische Shiitakepilze • 2 Stangen Frühlingszwiebeln • 100 g Zuckerschoten • 1–2 Knoblauchzehen • ½ rote Chilischote • 20 g frische Ingwerwurzel • 1 EL Speiseöl • 200 ml Gemüsebrühe • 200 ml Kokosmilch • abgeriebene Schale von 1 Bio-Limette (unbehandelt, ungewachst) • 2 EL Limettensaft • Salz • 1 TL Speisestärke • etwas Wasser • 3–4 Stängel Koriander **ZUBEREITUNGSZEIT:** 30 Minuten **GARZEIT:** etwa 3 Minuten **PRO PORTION:** E: 5 g, F: 23 g, Kh: 21 g, kJ: 1280, kcal: 309, BE: 1,5

1 Paprikaschote halbieren, entstielen, entkernen und die weißen Scheidewände entfernen. Schotenhälften waschen, abtropfen lassen und in feine Streifen schneiden. Pilze putzen und die Stiele abschneiden. Pilze mit Küchenpapier abreiben, eventuell abspülen, trocken tupfen und in dünne Scheiben schneiden. Frühlingszwiebeln putzen, waschen und abtropfen lassen. Frühlingszwiebeln mit dem hellen Grün schräg in Scheiben schneiden. **2** Von den Zuckerschoten die Enden abschneiden, eventuell abfädeln. Zuckerschoten waschen, abtropfen lassen und längs durchschneiden. Knoblauch abziehen und in sehr kleine Würfel schneiden. Chilischote abspülen, trocken tupfen, entstielen und mit den Kernen in dünne Scheiben schneiden. Ingwer schälen und fein reiben. **3** Speiseöl in einem Wok erhitzen. Zuerst Zuckerschotenhälften, Paprikastreifen und Pilzscheiben darin etwa 1 Minuten unter Wenden stark andünsten. Dann Frühlingszwiebel-, Chilischeiben, Knoblauchwürfel und Ingwer hinzugeben, kurz mitdünsten lassen. Brühe und Kokosmilch hinzugießen, zum Kochen bringen und etwa 2 Minuten kochen lassen. **4** Limette heiß abwaschen, abtrocknen und die Schale fein abreiben. Limette halbieren und den Saft auspressen. Limettenschale und 2 Esslöffel des Limettensaftes unter das Gemüsecurry rühren. Mit Salz würzen. **5** Speisestärke mit etwas Wasser anrühren, in das Curry rühren und unter Rühren aufkochen lassen. **6** Koriander abspülen und trocken tupfen. Die Blättchen von den Stängeln zupfen. Blättchen grob zerschneiden und unter das Curry mischen.

spicy chicken

AUF RICE NOODLES

FÜR 1 PORTION: 1 Hühnchenbrust ohne Haut und Knochen (etwa 175 g) • 1 Knoblauchzehe • 10 g frische Ingwerwurzel • ½ Bio-Limette (unbehandelt, ungewachst) • ¼–½ frische, rote Chilischote • 1 EL Limettensaft • 2 EL flüssiger Honig • 2 EL Speiseöl, z. B. Olivenöl • 50 g Rice Noodles (Nudeln, 5 mm breit) • etwa 500 ml (½ l) kochendes Wasser • ½ rote Paprikaschote (etwa 100 g) • 100 g Ananas • ½ rote Zwiebel • 10 g Erdnusskerne, geröstet und gesalzen • Salz • 1 Stängel Basilikum oder Koriandergrün ZUBEREITUNGSZEIT: 40 Minuten GARZEIT NUDELN: etwa 20 Minuten GARZEIT HÜHNCHENFLEISCH: 2–3 Minuten PRO PORTION: E: 50 g, F: 27 g, Kh: 91 g, kJ: 3377, kcal: 807, BE: 7,0

RAFFINIERT

1 Hühnchenbrust unter fließendem kalten Wasser abspülen, trocken tupfen und quer in dünne Scheiben schneiden. Knoblauch abziehen. Ingwer schälen. Knoblauch und Ingwer in sehr kleine Würfel schneiden. **2** Limette heiß abwaschen, abtrocknen, halbieren und von einer Hälfte die Schale fein abreiben. Von der Limette den Saft auspressen und einen Esslöffel Saft abmessen. Chili abspülen, trocken tupfen und entstielen. Chili fein hacken. **3** Hühnchenfleischscheiben mit Knoblauch-, Ingwerwürfeln, Limettenschale, -saft, Chili, Honig und 1 Esslöffel des Olivenöls in einer Schale vermischen und bis zum Anbraten durchziehen lassen. **4** Die Nudeln in eine sehr große Schüssel geben, mit kochendem Wasser übergießen und kurz umrühren. Die Schüssel mit einem Deckel verschließen und etwa 20 Minuten gar ziehen lassen. Anschließend die Nudeln in ein Sieb geben und gut abtropfen lassen. **5** Paprikaschotenhälfte entstielen, entkernen und die weißen Scheidewände entfernen. Schotenhälfte waschen, abtropfen lassen und in sehr feine Streifen schneiden. **6** Von der Ananas Blatt- und Strunkende entfernen. Ananas schälen, vierteln und den mittleren, holzigen Strunk herausschneiden. Ananas (100 g) in schmale Stücke schneiden. Zwiebel abziehen und halbieren. Eine Zwiebelhälfte in feine Spalten schneiden. Die Erdnusskerne grob zerkleinern. **7** Restliches Olivenöl in einem Wok oder einer großen, beschichteten Pfanne erhitzen. Paprikastreifen, Ananasstücke und Zwiebelspalten unter Wenden bei sehr starker Hitze kurz knackig (knusprig) garen. Die Nudeln hinzugeben und untermischen. Mit Salz würzen. **8** Eine beschichtete Pfanne erhitzen. Das durchgezogene Hühnchenfleisch darin 2–3 Minuten unter Wenden garen, bis es leicht anfängt zu karamellisieren. **9** Basilikum oder Koriander abspülen und trocken tupfen. Die Blättchen von den Stängeln zupfen, Blättchen grob zerschneiden. Das Hühnchenfleisch aus der Pfanne nehmen und mit den Nudeln auf einem Teller anrichten. Mit den Kräuterstreifen bestreuen. Erdnusskerne dazureichen.

FÜR 2 PORTIONEN • FÜR DIE PFEFFER-ESSIGKIRSCHEN-SAUCE: 100 g Sauerkirschen • 125 ml (⅛ l) Sherry • 2 EL Rotweinessig • 1 EL grob gemahlener, schwarzer Pfeffer • 40 g Zucker • 1 TL Speisestärke • 300 g Rote Bete • 2 Entenbrüste (weiblich, je etwa 180 g) • Salz • 4 EL Olivenöl ZUBEREITUNGSZEIT: 50 Minuten, ohne Ruhezeit GARZEIT ENTENBRÜSTE: etwa 14 Minuten GARZEIT ROTE BETE: etwa 5 Minuten PRO PORTION: E: 41 g, F: 31 g, Kh: 39 g, kJ: 2816, kcal: 674, BE: 3,0

entenbrust

MIT PFEFFER-ESSIGKIRSCHEN-SAUCE UND ROTER BETE

MIT ALKOHOL

1 Für die Sauce Kirschen waschen, abtropfen lassen, entstielen, halbieren und entsteinen. 100 ml Sherry mit Rotweinessig, Pfeffer und Zucker in einem Topf zum Kochen bringen und auf etwa 100 ml einkochen lassen. Speisestärke mit dem restlichen Sherry anrühren, unter die Sauce rühren und unter Rühren kurz aufkochen lassen. Die Kirschen unter die heiße Sauce rühren, beiseitestellen. **2** Rote Bete gründlich waschen, abtropfen lassen, schälen (am besten mit Einweghandschuhen) und in etwa ½ cm große Würfel schneiden. **3** Entenbrüste unter fließendem kalten Wasser abspülen und trocken tupfen. Von den Entenbrüsten das winzige Filet und die dicken Sehnen abschneiden. Die weiße Haut der Entenbrüste nach Belieben etwas abschneiden. Die restliche Entenhaut mit einem scharfen Cutter (Teppichmesser) rautenförmig einritzen. Dabei nicht in das Fleisch schneiden. Entenbrüste leicht mit Salz bestreuen. **4** Den Backofen vorheizen. **Ober-/Unterhitze:** etwa 180 °C, **Heißluft:** etwa 160 °C. **5** Die Entenbrüste mit der Hautseite nach unten in eine ofenfeste, beschichtete Pfanne legen und 3–4 Minuten bei starker Hitze goldbraun anbraten. Entenbrüste wenden und etwa ½ Minute von der zweiten Seite braten. Die Pfanne von der Kochstelle nehmen. Entenbrüste wieder wenden. **6** Die Pfanne auf dem Rost in den vorgeheizten Backofen schieben. Die Entenbrüste (mit der Hautseite nach oben) etwa 10 Minuten rosa garen. **7** Olivenöl in einer Pfanne erhitzen. Rote-Bete-Würfel darin etwa 5 Minuten bei starker Hitze von allen Seiten anbraten. Mit Salz würzen. **8** Die Entenbrüste aus der Pfanne nehmen und 2–3 Minuten ruhen lassen. Die Essigkirschen-Sauce nochmals kurz erhitzen. Die Entenbrüste in dünne Scheiben schneiden. Entenbrust mit der Sauce und Roter Bete anrichten.

BEILAGE Kartoffel-Pastinaken-Püree. 350 g festkochende Kartoffeln und 200 g Pastinaken waschen, schälen, abspülen, abtropfen lassen und in sehr grobe Würfel schneiden. Kartoffel- und Pastinakenwürfel mit Salzwasser bedeckt zum Kochen bringen und in etwa 25 Minuten weich kochen. 150 ml Milch und 10 g Butter erwärmen. Kartoffel- und Pastinakenwürfel abgießen und sofort durch eine Kartoffelpresse drücken. Die Milch-Butter-Mischung unterrühren. Mit Salz, frisch gemahlenem, weißen Pfeffer und frisch geriebener Muskatnuss würzen. Zutaten für 2 Portionen.

TIPP Die Sauce kann auch mit abgetropften Sauerkirschen aus dem Glas zubereitet werden.

Kichererbsen-sambal

FÜR 2 PORTIONEN: 240 g Kichererbsen (aus der Dose) • 5 getrocknete Aprikosen • 1 rote Zwiebel • 100 g Baby-Spinat • 12 Cocktailtomaten • 2 EL Speiseöl • 1 EL Currypulver, mild • 1 EL Sambal Oelek • 2 EL brauner Zucker • 250 ml (¼ l) Gemüsebrühe (evtl. aus gekörnter Bio-Brühe) • Salz • 1 TL Speisestärke • 5–6 Minzeblättchen • 1 EL Limettensaft ZUBEREITUNGSZEIT: 40 Minuten GARZEIT: 2–3 Minuten PRO PORTION: E: 14 g, F: 14 g, Kh: 60 g, kJ: 1826, kcal: 436, BE: 4,5

EXOTISCH

1 Kichererbsen in ein Sieb geben, mit kaltem Wasser abspülen und abtropfen lassen. Aprikosen in kleine Stücke schneiden. Zwiebeln abziehen, halbieren und in etwa ½ cm breite Streifen schneiden. Spinat putzen, gründlich abspülen und gut abtropfen lassen oder trocken schleudern. Tomaten abspülen, abtropfen lassen und halbieren. Eventuell Stängelansätze herausschneiden. **2** Speiseöl in einem Topf erhitzen. Zwiebelstreifen darin unter Rühren weich dünsten. Mit Curry, Sambal Oelek und Zucker würzen. Kichererbsen, Aprikosenstücke, Tomatenhälften und Spinat untermischen. Brühe hinzugießen, mit Salz würzen. **3** Die Zutaten zum Kochen bringen und 2–3 Minuten kochen lassen. Speisestärke mit etwas Wasser anrühren, unter das Gemüse rühren und kurz aufkochen lassen. **4** Minzeblättchen abspülen, trocken tupfen und grob zerschneiden. Minze und Limettensaft unter das Kichererbsen-Gemüse mischen.

BEILAGE Basmatireis.

erzähl mal

MIT ERDNUSSSAUCE

thairöllchen

FÜR 4 PORTIONEN: 12 küchenfertige Garnelen (je etwa 20 g) • 1 EL Olivenöl • 1 EL Fischsauce oder Sojasauce • 1 TL Sesamöl FÜR DIE ERDNUSSSAUCE: 80 g Erdnussbutter • 100 ml ungesüßte Kokosmilch • 1 TL rote Currypaste • 1 EL Sojasauce • 2 EL Limettensaft • Salz • 300 g frische Ananas • ½ rote Paprikaschote • 100 g Bio-Salatgurke • 100 g Mungobohnensprossen • ½ Bund Koriander • 8 Blätter Reispapier (Ø je 15 ½ cm) • etwas Sojasauce ZUBEREITUNGSZEIT: 60 Minuten, ohne Abkühlzeit PRO PORTION: E: 21 g, F: 19 g, Kh: 22 g, kJ: 1449, kcal: 347, BE: 1,5

ETWAS AUFWENDIGER

1 Die Garnelen unter fließendem kalten Wasser abspülen, trocken tupfen und in etwa 1 cm große Stücke schneiden. Olivenöl in einer Pfanne erhitzen. Garnelenstücke hinzugeben und rundherum etwa 1 Minute bei starker Hitze anbraten. Fischsauce oder Sojasauce und Sesamöl hinzugeben. Die Garnelenmasse aus der Pfanne nehmen und erkalten lassen. **2** Für die Sauce Erdnussbutter mit Kokosmilch, Currypaste, Sojasauce und Limettensaft verrühren, mit Salz würzen. **3** Von der Ananas Blatt- und Strunkende entfernen. Ananas schälen, vierteln und den mittleren Strunk entfernen. Ananas (300 g) in Streifen schneiden. Paprikaschotenhälfte entstielen, entkernen und die weißen Scheidewände entfernen. Schotenhälfte waschen, abtropfen lassen und in feine Streifen schneiden. Gurke waschen, trocken tupfen und mit der Schale in feine Streifen schneiden. **4** Sprossen in ein Sieb geben, mit kaltem Wasser abspülen und abtropfen lassen. Koriander abspülen und trocken tupfen. Die Blättchen von den Stängeln zupfen. Blättchen (einige Blättchen zum Garnieren beiseitelegen) grob zerschneiden. **5** Die Soja-Garnelen mit Ananas-, Paprika-, Gurkenstreifen, Sprossen und Koriander vermischen. **6** Reispapier einzeln etwa 45 Sekunden in lauwarmes Wasser tauchen, bis die Blätter weich sind. Je ein Reisblatt auf ein Geschirrtuch legen. Jeweils ein Achtel der Garnelen-Gemüse-Mischung in die Mitte des Reisblattes geben und mithilfe des Geschirrtuches stramm aufrollen. Insgesamt 8 Rollen zubereiten. **7** Die Thairöllchen mit einem scharfen Messer quer halbieren und auf einer Platte anrichten. Mit den beiseitegelegten Korianderblättchen garnieren. Erdnusssauce und Sojasauce zum Dippen dazureichen.

FÜR ETWA 24 STÜCK: 75 g schwarze Oliven mit Stein • 2 EL frische Rosmarinnadeln • 125 g weiche Butter • 1 gestr. TL Salz • 1 Eigelb (Größe M) • 1 Ei (Größe S) • 175 g Weizenmehl • 50 g Parmesan-Käse **ZUBEREITUNGSZEIT SHORTBREAD:** 40 Minuten, ohne Kühlzeit **BACKZEIT SHORTBREAD:** etwa 10 Minuten je Backblech **PRO STÜCK (SHORTBREAD):** E: 2 g, F: 7 g, Kh: 6 g, kJ: 382, kcal: 91, BE: 0,5 **PRO PORTION (BLOODY MARY):** E: 1 g, F: 0 g, Kh: 5 g, kJ: 369, kcal: 88, BE: 0,5

oliven-shortbread

RAFFINIERT – MIT ALKOHOL

1 Das Olivenfleisch vom Stein schneiden und fein würfeln. Rosmarinnadeln fein hacken. Butter, Rosmarin und Salz in eine Rührschüssel geben und mit Handrührgerät mit Rührbesen weißschaumig schlagen. Eigelb und Ei nach und nach mit 3–4 Esslöffeln des Mehls unterrühren. **2** Parmesan-Käse fein reiben, mit dem restlichen Mehl mischen, zu der Butter-Eischaum-Masse geben und mit Handrührgerät mit Knethaken kurz unterarbeiten. Olivenwürfel hinzufügen. **3** Den Teig mit den Händen nochmals kurz durchkneten und zu einem flachen Stück formen. Das Teigstück in Frischhaltefolie gewickelt etwa 3 Stunden kalt stellen. **4** Den Backofen vorheizen. **Ober-/Unterhitze:** etwa 220 °C, **Heißluft:** etwa 200 °C.

5 Den Teig aus der Frischhaltefolie wickeln und auf einer bemehlten Arbeitsfläche zu einem etwa ½ cm dicken Quadrat ausrollen. Den Teig mit einem gewellten Teigrädchen in etwa 24 gleich große Stücke (je etwa 2½ x 10 cm) schneiden. **6** Die Teigstreifen auf 2 Backbleche (mit Backpapier belegt) legen. Die Backbleche nacheinander (bei Heißluft zusammen) in den vorgeheizten Backofen schieben. Shortbread etwa 10 Minuten goldbraun backen. **7** Shortbread von den Backblechen lösen und auf einem Kuchenrost erkalten lassen. Oliven-Shortbread mit Bloody Mary servieren.

Für die **Bloody Mary** (4 Portionen) 600 ml guten Tomatensaft mit 4 Esslöffeln Limettensaft, einigen Spritzern Tabasco und 100 ml Grapefruit-Vodka in einem Rührbecher gut verrühren. Mit Selleriesalz würzen. 12 Eiswürfel in 4 Longdrinkgläser verteilen. Die Bloody Mary darübergießen. 4 kleine Selleriestangen mit Grün abspülen, trocken tupfen und eventuell die unteren Enden abschneiden. Bloody Mary mit den Selleriestangen garnieren.

curry-popcorn

FÜR 4 PORTIONEN: 4 EL Pflanzenöl, z. B. Sonnenblumen- oder Maiskeimöl • 100 g Maiskörner für Popcorn • 50 g Butter • 1 EL Paprikapulver edelsüß • 1 EL Currypulver • Salz ZUBEREITUNGSZEIT: 20 Minuten PRO PORTION: E: 3 g, F: 22 g, Kh: 18 g, kJ: 1153, kcal: 276, BE: 1,5

SCHNELL – EINFACH

1 Zwei Esslöffel des Pflanzenöls in einem großen, breiten Topf erhitzen. Maximal so viel Maiskörner in den Topf geben, dass der Boden mit einer Lage Maiskörner bedeckt ist. Topf mit einem Deckel (am besten aus Glas) verschließen. Den Topf gut durchrütteln, damit alle Maiskörner in dem Öl gewendet werden. **2** Den Topf nun so lange auf der Kochstelle lassen, bis nur noch einzelne Pop-Geräusche zu hören sind, dabei immer wieder mal am Topf rütteln. **3** Den Topf von der Kochstelle nehmen. Sobald keine Pop-Geräusche mehr zu hören sind, den Deckel abnehmen. **4** In der Zwischenzeit die Butter mit Paprika und Curry zerlassen. **5** Popkorn in eine große Schüssel geben. Die Curry-Paprika-Butter daraufträufeln. Mit Salz würzen. Popcorn sehr gut durchmischen und sofort servieren.

TIPP Dazu ein schönes kaltes Weizenbier genießen.

erbsen-hummus mit gemüsechips

FÜR 4 PORTIONEN: 250 g TK-Erbsen • Salzwasser • 250 g Kichererbsen (aus der Dose) • 2 Stängel Minze • 25 g Tahini (Sesampaste, erhältlich im Asialaden oder in türkischen Lebensmittelläden) • 50 g griechischer Sahnejoghurt (10 % Fett) • 1 TL Kreuzkümmel • Salz • 1 EL Limettensaft • 100 g Gemüse-Chips (aus der Tüte) **ZUBEREITUNGSZEIT:** 20 Minuten **PRO PORTION:** E: 12 g, F: 16 g, Kh: 32 g, kJ: 1343, kcal: 321, BE: 2,5

1 Erbsen unaufgetaut in kochendem Salzwasser etwa 5 Minuten garen. Erbsen mit eiskaltem Wasser abschrecken, gut abtropfen lassen. **2** Kichererbsen in ein Sieb geben, mit kaltem Wasser abspülen, abtropfen lassen. Minze abspülen und trocken tupfen. Die Blättchen von den Stängeln zupfen. **3** Erbsen, Kichererbsen, Tahini, Joghurt, die Hälfte der Minzeblättchen, Kreuzkümmel, Salz und Limettensaft zu einer feinen Paste pürieren. Erbsen-Hummus in Schälchen anrichten, mit den restlichen Minzeblättchen garnieren. **4** Erbsen-Hummus mit den Gemüsechips zum Dippen servieren.

knusper-sticks

FÜR 8 STÜCK: 8 Blätter TK-Frühlingsrollen-Teig (je 20 x 20 cm, erhältlich im Asialaden) • 1 Eiweiß • 8 TL Mango-Chutney • 50 g Feta-Käse **ZUBEREITUNGSZEIT:** 20 Minuten, ohne Auftauzeit **BACKZEIT:** 12–15 Minuten **PRO STÜCK:** E: 3 g, F: 1 g, Kh: 10 g, kJ: 275, kcal: 65, BE: 1,0

1 Den Backofen vorheizen. **Ober-/Unterhitze:** etwa 160 °C, **Heißluft:** etwa 140 °C. **2** Teigblätter nach Packungsanleitung auftauen lassen. Eiweiß verschlagen. **3** Ein Teigblatt dünn mit Eiweiß bestreichen. 1 Esslöffel Chutney als Streifen im unteren Drittel des Teigblattes verteilen, dabei an den Seiten jeweils einen etwa 2 cm breiten Rand frei lassen. Feta-Käse zerbröseln und ⅛ davon auf das Chutney streuen. **4** Die Teigränder darüberklappen, mit Eiweiß bestreichen und zu Sticks aufrollen. **5** Aus den restlichen Teigblättern wie beschrieben insgesamt 8 Sticks zubereiten. Die Sticks auf ein Backblech (mit Backpapier belegt) legen und in den vorgeheizten Backofen schieben. Die Sticks 12–15 Minuten backen. **6** Die Knusper-Sticks mit dem Backpapier vom Backblech auf einen Kuchenrost ziehen. Knusper-Sticks erkalten lassen.

kleine schweinereien

studentenfutter

FÜR 4 PORTIONEN: 100 g abgezogene Mandeln • 100 g Cashewkerne • 25 g Pistazienkerne • 2 EL flüssiger Honig • 1 EL Olivenöl • 1 EL Sesamsamen • 1 TL Garam Masala • 1 TL Paprikapulver edelsüß • Salz • 50 g getrocknete Datteln • 50 g getrocknete Aprikosen • 50 g getrocknete Softfeigen **ZUBEREITUNGSZEIT:** 20 Minuten, ohne Abkühlzeit **RÖSTZEIT:** 7–8 Minuten **PRO PORTION:** E: 13 g, F: 32 g, Kh: 40 g, kJ: 2097, kcal: 501, BE: 3,5

1 Den Backofen vorheizen. **Ober-/Unterhitze:** etwa 200 °C, **Heißluft:** etwa 180 °C. **2** Mandeln, Cashew- und Pistazienkerne in eine Schüssel geben. Mit Honig, Öl, Sesam, Garam Masala und Paprika vermischen. **3** Die Nussmischung auf einem Backblech (mit Backpapier belegt) verteilen. Das Backblech in den vorgeheizten Backofen schieben. Die Nussmischung 7–8 Minuten unter häufigem Wenden rösten. **4** Die Nussmischung vom Backblech nehmen und noch heiß mit Salz bestreuen. Nussmischung abkühlen lassen. **5** Datteln, Aprikosen und Feigen in kleine Stücke schneiden, zu der Nussmischung geben und untermengen.

hähnchen-quesadillas

FÜR 4 PORTIONEN: ¼ gegrilltes Hähnchen (fertig gekauft) • 50 g Frühlingszwiebeln • ¼ grüne Paprikaschote • 150 g Cheddar-Käse • 3–4 Stängel Koriander oder Basilikum • 2 EL Joghurt • Salz • 2 Weizen-Tortillafladen (Ø 20 cm) **ZUBEREITUNGSZEIT:** 25 Minuten **PRO PORTION:** E: 21 g, F: 15 g, Kh: 13 g, kJ: 1155, kcal: 276, BE: 1,0

1 Hähnchen enthäuten. Fleisch in kleine Stücke schneiden. Frühlingszwiebeln putzen, waschen, abtropfen lassen, in sehr feine Scheiben schneiden. **2** Paprika entkernen, weiße Scheidewände entfernen. Paprika waschen, abtropfen lassen, fein würfeln. Käse grob reiben. Kräuter abspülen, trocken tupfen. Die Blättchen von den Stängeln zupfen. Blättchen grob zerschneiden. **3** Vorbereitete Zutaten mit Joghurt mischen. Mit Salz würzen. Die Masse auf einem Tortillafladen verteilen. Den zweiten Tortillafladen darauflegen und fest andrücken. **4** Tortilla in eine Grillpfanne legen und auf jeder Seite 3–4 Minuten bei schwacher Hitze braten. Tortilla aus der Grillpfanne nehmen, etwas abkühlen lassen und mit einem scharfen Messer in Ecken schneiden.

bulgur-küchlein

MIT GREEN BULL

FÜR 4 PORTIONEN (16 STÜCK) • FÜR DIE BULGUR-KÜCHLEIN: 75 g Bulgur • 200 ml Wasser • 2 Frühlingszwiebeln • 2 Stängel Minze • ½ Bund glatte Petersilie • 100 g Feta-Käse • 25 g Rosinen • 1 TL Kreuzkümmel, gemahlen • Salz • 2 Eier (Größe M) • 75 g Weizenmehl • 125 ml (⅛ l) Buttermilch • 4 EL Speiseöl FÜR GREEN BULL: 1 Salatgurke • 4 Kiwis • 8 Minzeblättchen • 2 EL Limettensaft • 1 EL Weizenkeimöl • 4 EL flüssiger Honig • 400 ml Mineralwasser ohne Kohlensäure • Eiswürfel nach Belieben ZUBEREITUNGSZEIT: 45 Minuten PRO PORTION: E: 14 g, F: 21 g, Kh: 55 g, kJ: 2004, kcal: 478, BE: 4,5

EINFACH

1 Für die Küchlein Bulgur in ein Sieb geben, mit kaltem Wasser abspülen und abtropfen lassen. Bulgur in einen Topf geben, Wasser hinzugießen und zum Kochen bringen. Die Kochstelle ausschalten. Bulgur zugedeckt etwa 7 Minuten ziehen lassen. **2** Frühlingszwiebeln putzen, waschen, abtropfen lassen und in sehr feine Scheiben schneiden. Minze und Petersilie abspülen und trocken tupfen. Die Blättchen jeweils von den Stängeln zupfen. Blättchen klein schneiden. Feta-Käse abtropfen lassen und fein zerbröseln. **3** Bulgur mit Frühlingszwiebelscheiben, Minze, Petersilie, Käsebröseln und Rosinen vermischen. Mit Kreuzkümmel und Salz würzen. Eier, Mehl und Buttermilch in einer Rührschüssel verschlagen. Die Bulgur-Käse-Mischung hinzugeben und gut unterrühren. **4** Die Küchlein in 2 Portionen braten. Dafür jeweils die Hälfte des Speiseöls in einer großen Pfanne erhitzen. Je einen gehäuften Esslöffel des Teiges in die Pfanne geben. Die Küchlein von beiden Seiten bei mittlerer Hitze goldbraun braten. **5** Für Green Bull die Gurke abwaschen und abtrocknen. Gurke mit Schale und Kernen in grobe Würfel schneiden. Kiwis schälen und grob würfeln. Minzeblättchen abspülen und trocken tupfen. Gurken-, Kiwiwürfel und Minzeblättchen in einen Rührbecher geben. Limettensaft, Weizenkeimöl, Honig und Mineralwasser hinzugeben. Die Zutaten fein pürieren und in 4 Gläsern verteilen. Green Bull nach Belieben mit Eiswürfeln servieren. Die Bulgur-Küchlein dazureichen.

FÜR 4 PORTIONEN: 5 Beutel Hagebuttentee mit Hibiskus • 500 ml (½ l) kochendes Wasser • 2 Pfirsiche • je 150 g Erdbeeren, rote Johannisbeeren und Himbeeren • 8 EL Erdbeersirup • 20 Zitronenmelisse- oder Verveineblättchen • 50 ml Wodka • 50 ml Limoncello (ital. Zitronenlikör) • 250 ml (¼ l) trockener Winzersekt ZUBEREITUNGSZEIT: 20 Minuten, ohne Marinierzeit PRO PORTION: E: 2 g, F: 0 g, Kh: 43 g, kJ: 1185, kcal: 284, BE: 3,5

eistee-frucht-bowle

MIT FRISCHEN FRÜCHTEN

MIT ALKOHOL

1 Hagebuttentee mit 500 ml (½ l) kochendem Wasser überbrühen und 10 Minuten ziehen lassen. Die Beutel herausnehmen und den Tee abkühlen lassen. Den Tee in den Kühlschrank stellen und ganz kalt werden lassen. **2** Pfirsiche heiß abwaschen, trocken tupfen, halbieren und jeweils den Stein herauslösen. Pfirsichhälften in Spalten schneiden. Erdbeeren und Johannisbeeren putzen, waschen, trocken tupfen und entstielen. Erdbeeren halbieren. Himbeeren verlesen. Zitronenmelisse- oder Verveineblättchen abspülen und trocken tupfen. **3** Die vorbereiteten Früchte in eine Schüssel geben. Erdbeersirup, die Hälfte der Kräuterblättchen, gut gekühlten Wodka und gut gekühlten Limoncello hinzugeben und vorsichtig mischen. Die Früchte am besten über Nacht im Kühlschrank marinieren lassen. **4** Zum Servieren die Früchte in ein Bowlengefäß geben. Restliche Kräuterblättchen hinzufügen. Mit dem kalten Tee und gut gekühltem Sekt aufgießen. Sofort servieren.

höhepunkte

FÜR GÄSTE

1 Die Mulden einer Muffinform (für 6 Muffins) mit je 2 Papierbackförmchen auslegen. **2** Den Backofen vorheizen. **Ober-/Unterhitze:** etwa 180 °C, **Heißluft:** etwa 160 °C.

3 Für den Teig Mehl mit Mandeln, Backpulver, Salz und Zucker mischen. Butter lauwarm zerlassen und in eine Rührschüssel geben. Mit Joghurt und Ei verrühren. **4** Die gefrorenen Himbeeren mit Speisestärke bestäuben und wälzen, bis sie gleichmäßig mit der Speisestärke überzogen sind. Das Mehlgemisch mit einem Kochlöffel gut unter die Butter-Joghurt-Masse rühren. Die gefrorenen Himbeeren vorsichtig unterheben. **5** Den Teig vorsichtig in den ausgelegten Muffinmulden verteilen. Das Backblech in den vorgeheizten Backofen (unteres Drittel) schieben. Die Muffins etwa 25 Minuten backen. **6** Die Muffins mit den Papierbackförmchen aus der Form nehmen und auf einem Kuchenrost erkalten lassen. **7** Die Schokolade in Stücke brechen, in einem kleinen Topf im heißen Wasserbad bei schwacher Hitze unter Rühren schmelzen. Die Schokolade in eine Papierspritztüte füllen und eine kleine Ecke abschneiden. (Papierspritztüte formen, siehe Phasen Strawberry-Margarita-Eistüten, Seite 112). **8** Aus der Schokolade kleine Blümchen auf Backpapier spritzen. Die Mitte der einzelnen Blüten mit Silberperlen belegen, solange die Schokolade noch weich ist. Die Schokolade fest werden lassen. **9** Kurz vor dem Servieren Sahne mit Sahnesteif steif schlagen, Himbeersirup unterschlagen. Die Sahne in einen Spritzbeutel mit Sterntülle füllen und dekorativ auf die Muffins spritzen. Die Muffins etwa 30 Minuten in den Kühlschrank stellen. **10** Die Schokoladenblüten vorsichtig, am besten mit einer kleinen Palette, vom Backpapier lösen. Die Muffins damit garnieren.

himbeer-cupcakes

FÜR 6 PORTIONEN: 100 g Weizenmehl • 20 g gemahlene Mandeln • 1 gestr. TL Dr. Oetker Backin • ¼ gestr. TL Salz • 40 g Zucker • 50 g Butter • 125 g Joghurt • 1 Ei (Größe M) • 75 g TK-Himbeeren • 1 TL Speisestärke • 100 g weiße Schokolade • einige kleine Silberperlen • 250 g Schlagsahne • 1 Pck. Dr. Oetker Sahnesteif • 3 EL Himbeersirup AUSSERDEM: 12 Muffins-Papierbackförmchen ZUBEREITUNGSZEIT: 60 Minuten, ohne Kühlzeit BACKZEIT: etwa 25 Minuten • PRO PORTION: E: 6 g, F: 29 g, Kh: 41 g, kJ: 1891, kcal: 452, BE: 3,5

FÜR 4 PORTIONEN: 3 Blatt weiße Gelatine • ½ Vanilleschote • 200 g Schlagsahne • 75 g Zucker • 250 g Joghurt • 100 g TK-Erdbeeren • 1 EL Zitronensaft • 60 g frisches Kokosnuss-Fruchtfleisch • 1 EL Erdbeersirup oder 2 Tropfen rote Speisefarbe AUSSERDEM: 4 Förmchen oder Gläser (etwa 200 ml Inhalt) ZUBEREITUNGSZEIT: 40 Minuten, ohne Kühlzeit PRO PORTION: E: 5 g, F: 24 g, Kh: 29 g, kJ: 1482, kcal: 355, BE: 2,5

joghurt-panna-cotta

MIT ROSA KOKOSRASPELN

ETWAS BESONDERES

1 Gelatine in kaltem Wasser nach Packungsanleitung einweichen. Vanilleschote längs aufschneiden und das Mark mit einem kleinen Messer herausschaben. **2** Sahne mit 50 g des Zuckers, Vanilleschote und -mark in einem kleinen Topf zum Kochen bringen. Den Topf von der Kochstelle nehmen. Die Gelatine gut ausdrücken und in der heißen Sahne unter Rühren vollständig auflösen. Joghurt hinzugeben und glatt unterrühren. Die Sahne-Joghurt-Masse durch ein feines Sieb gießen und in 4 Förmchen oder Gläser verteilen. **3** Die Förmchen oder Gläser mit Frischhaltefolie zugedeckt etwa 6 Stunden in den Kühlschrank stellen. Panna Cotta fest werden lassen. **4** In der Zwischenzeit Erdbeeren fast ganz auftauen lassen (sie können noch einen leicht gefrorenen Kern haben). Erdbeeren mit dem restlichen Zucker und Zitronensaft in einen Rührbecher geben, fein pürieren und kalt stellen. **5** Die braune Schale von dem Kokosnuss-Fruchtfleisch abschälen. Fruchtfleisch fein raspeln. Kokosraspel kurz vor dem Servieren mit dem Sirup oder roter Speisefarbe mischen. **6** Die Förmchen oder Gläser aus dem Kühlschrank nehmen. Panna Cotta am Rand mit einem kleinen Messer lösen. Die Förmchen oder Gläser kurz in heißes Wasser tauchen. Panna Cotta auf 4 Teller stürzen. Die Erdbeersauce darum verteilen. Panna Cotta mit Kokosraspeln bestreuen.

EISTÜTEN AM STIEL

strawberry margarita eis

FÜR 8 KLEINE EISTÜTEN (DAMIT FRAU IHRE FREUNDINNEN GLEICH MITBELOHNEN KANN): 250 g Erdbeeren • 50 ml Tequila • 50 g Puderzucker • 1 EL Limettensaft FÜR DIE PASSIONSFRUCHT-SAUCE: 2 Passionsfrüchte • 150 g Joghurt AUSSERDEM: Backpapier • 8 kleine Plastikstiele ZUBEREITUNGSZEIT: 30 Minuten, ohne Gefrierzeit PRO STÜCK: E: 1 g, F: 1 g, Kh: 12 g, kJ: 333, kcal: 80, BE: 1,0

MIT ALKOHOL

1 Zum Vorbereiten für die Eistüten 8 Bögen (je etwa 16 x 32 cm) aus Backpapier zuschneiden. Die Bögen jeweils zu spitz zulaufenden Tüten formen. Dabei müssen die Spitzen möglichst dicht geschlossen sein. Die Tüten mit einem Tacker fest zusammentackern. Die Spitzen ganz leicht umknicken. Die Tüten aufrecht in gefrierfeste Formen stellen (z.B. dicke Gläser), sodass sie nicht umfallen können. **2** Erdbeeren putzen, waschen, gut abtropfen lassen und in einen hohen Rührbecher geben. Tequila, 25 g des Puderzuckers und Limettensaft hinzugeben. Die Zutaten mit einem Stabmixer fein pürieren und in den Eistüten verteilen. Die gefüllten Eistüten in den Gefrierschrank stellen und etwa 8 Stunden gefrieren lassen. Nach etwa 1 Stunde Gefrierzeit kleine Stiele in die Mitte des Pürees stecken. **3** Für die Sauce Passionsfrüchte halbieren und die Kerne mit dem Saft herauslöffeln. Mit Joghurt und restlichem Puderzucker verrühren. Die Passionsfrucht-Sauce bis zum Servieren kalt stellen. **4** Das Eis etwa 10 Minuten vor dem Servieren zum Antauen in den Kühlschrank stellen. Anschließend die Papiertüten entfernen. **5** Das Eis mit der Passionsfrucht-Sauce servieren (das Eis in die Passionsfrucht-Sauce dippen).

exotische granita

FÜR 4 PORTIONEN: 2 Bio-Limetten (unbehandelt, ungewachst) • 1 reife Mango • 300 g Bananen • 125 ml (⅛ l) weißer Rum • 650 ml Orangensaft • 200 ml Zuckerrohrsirup oder Agavensirup (aus dem Reformhaus) • 10 Passionsfrüchte (je 40–50 g) ZUBEREITUNGSZEIT: 30 Minuten, ohne Gefrierzeit PRO PORTION: E: 4 g, F: 1 g, Kh: 80 g, kJ: 1850, kcal: 442, BE: 6,5

MIT ALKOHOL

1 Limetten heiß abwaschen, abtrocknen und die Schale abreiben. Limetten halbieren und den Saft auspressen. Mango halbieren und den Stein herauslösen. Das Fruchtfleisch schälen und in Stücke schneiden. Bananen schälen und in Stücke schneiden. 2 Limettenschale, -saft, Mango- und Bananenstücke in einen Rührbecher geben. 100 ml des Rums, Orangensaft und 150 ml des Sirups hinzugeben. Die Zutaten fein pürieren. 3 Passionsfrüchte halbieren, die Kerne und den Saft herausschaben. Kerne und Saft durch ein feines Sieb streichen. Passionsfruchtsaft unter die Orangen-Rum-Mischung rühren. 4 Die Fruchtmasse in eine möglichst große, flache Form (am besten eine Metallschale) gießen und in den Gefrierschrank stellen. Nach jeweils 30 Minuten mit einer Teigkarte oder einem Spachtel die sich am Rand bildenden Eiskristalle zur Mitte schieben. 5 Solange wiederholen, bis die ganze Flüssigkeit gefroren ist und sich trockene, locker auseinanderfallende Eiskristalle gebildet haben. 6 Granita in Gläsern servieren.

schoko-kirsch-crumble

FÜR 4 PORTIONEN • FÜR DIE STREUSEL: 100 g Butter • 20 g gemahlene Mandeln • 125 g Weizenmehl • 75 g brauner Zucker • ¼ gestr. TL Salz • 500 g Sauerkirschen • 30 g Zartbitter-Schokolade • 125 ml (⅛ l) Kirschsaft • 1 TL gemahlener Piment • 1 gestr. EL Speisestärke • 75 g Crème fraîche • 3–4 EL gesiebter Puderzucker • 2 EL Kirschwasser AUSSERDEM: 4 feuerfeste Förmchen oder Bowls oder Gläser (je etwa 250 ml [¼ l]) ZUBEREITUNGSZEIT: 45 Minuten, ohne Kühlzeit BACKZEIT: 35–40 Minuten PRO PORTION: E: 7 g, F: 33 g, Kh: 70 g, kJ: 2612, kcal: 625, BE: 6,0

MIT ALKOHOL

1 Für die Streusel Butter zerlassen. Mandeln, Mehl, 25 g des Zuckers, Salz und die warme, zerlassene Butter in eine Rührschüssel geben. Die Zutaten mit Handrührgerät mit Rührbesen zu Streuseln von gewünschter Größe verarbeiten. Teigstreusel etwa 30 Minuten kalt stellen. **2** Kirschen waschen, abtropfen lassen, entstielen und entsteinen. Schokolade fein hacken. **3** Den Backofen vorheizen.
Ober-/Unterhitze: etwa 180 °C, **Heißluft:** etwa 160 °C
4 Kirschsaft mit Piment und restlichem Zucker in einem Topf zum Kochen bringen. Speisestärke mit etwas Wasser anrühren, in den Kirschsaft rühren und unter Rühren aufkochen lassen. Den Topf von der Kochstelle nehmen. Schokolade hinzugeben und unter Rühren schmelzen. Kirschen unterrühren. **5** Das Kirschkompott in 4 Förmchen, Bowls oder Gläser bis etwa 2 cm unter dem Rand füllen. Die Streusel darauf verteilen (Streusel können über die Förmchen, Bowls oder Gläser ragen). Die Förmchen, Bowls oder Gläser auf dem Rost in den vorgeheizten Backofen schieben. Crumble 35–40 Minuten goldbraun backen. **6** Crème fraîche mit 2 Esslöffeln Puderzucker und Kirschwasser glatt rühren. Crumbles mit restlichem Puderzucker bestäuben und mit Crème fraîche servieren.

FÜR ETWA 40 TRÜFFEL: 200 g Edelbitter-Schokolade (70 % Kakaoanteil) • 100 g Vollmilch-Schokolade • 150 g Schlagsahne • 50 g weiche Butter • 3 EL Cognac • 50 g gesiebtes Kakaopulver ZUBEREITUNGSZEIT: 50 Minuten, ohne Kühlzeit PRO STÜCK: E: 1 g, F: 5 g, Kh: 3 g, kJ: 288, kcal: 69, BE: 0,5

schokoladen-cognac-trüffel

MIT ALKOHOL

1 Beide Schokoladensorten in Stücke brechen, in einem Topf im heißen Wasserbad bei schwacher Hitze unter Rühren schmelzen. **2** Sahne in einem Topf zum Kochen bringen. Den Topf von der Kochstelle nehmen. Die Schokolade gut unterrühren. Schokoladensahne abkühlen, aber nicht fest werden lassen. **3** Die Butter in einer Rührschüssel mit Handrührgerät mit Rührbesen weiß-schaumig schlagen. Die Schokoladenmasse und den Cognac gut untermischen. Die Masse zugedeckt 3–4 Stunden in den Kühlschrank stellen. **4** Aus der Trüffelmasse kleine Kugeln formen und in Kakao wälzen.

TIPP Die Trüffel mit einem Gläschen Sherry oder einem Espresso genießen.

california-vinaigrette

FÜR 4 PORTIONEN: 2 Tomaten • 1 Schalotte • ½ Knoblauchzehe • ¼ rote Chilischote • 10 g frischer Ingwer • 3 Stängel Koriandergrün • 50 ml Orangensaft • 3 EL Limettensaft • 2 EL Ahornsirup • 2 EL mittelscharfer Senf • 2 EL Sojasauce • 3 EL Traubenkernöl • 1 EL dunkles Sesamöl • Salz
PRO PORTION: E: 2 g, F: 11 g, Kh: 14 g, kJ: 674, kcal: 160, BE: 1,0

1 Tomaten abspülen, abtropfen lassen, kreuzweise einschneiden, kurz in kochendes Wasser legen und in kaltem Wasser abschrecken. Tomaten enthäuten, halbieren, entkernen und die Stängelansätze herausschneiden. Tomatenhälften in kleine Würfel schneiden. Schalotte und Knoblauch abziehen. Schalotte klein würfeln. Knoblauch durch eine Knoblauchpresse drücken. Chilischotenviertel abspülen, trocken tupfen und entstielen. Chiliviertel mit den Kernen fein hacken. Ingwer schälen und klein würfeln. Koriandergrün abspülen, trocken tupfen und klein schneiden. **2** Die vorbereiteten Zutaten mit Orangen-, Limettensaft, Ahornsirup, Senf, Sojasauce, Traubenkernöl und Sesamöl verrühren. Mit Salz würzen. Die Vinaigrette maximal 1 Tag im Kühlschrank aufbewahren.

salatsaucen

vital-salatsauce

FÜR 4 PORTIONEN: 2 EL Sanddornmark (aus dem Glas) • 4 EL flüssiger Honig • 50 ml Orangensaft • 2 EL süßer Senf • 3 EL Mandelöl • 2 EL Rapsöl • Salz • frisch gemahlener Pfeffer • 1 Stängel Thymian **PRO PORTION:** E: 1 g, F: 13 g, Kh: 17 g, kJ: 796, kcal: 190, BE: 1,5

1 Sanddornmark mit Honig, Orangensaft und Senf in einer Schüssel verrühren. Mandelöl und Rapsöl unterschlagen. Mit Salz und Pfeffer würzen. Thymian abspülen und trocken tupfen. Die Blättchen von den Stängeln zupfen. Blättchen klein schneiden und unter die Sauce rühren. Die Sauce hält sich etwa 1 Woche im Kühlschrank.

mediterrane salatsauce

FÜR 4 PORTIONEN: 10 g weiche, getrocknete Tomaten ohne Öl • 8 schwarze Oliven mit Stein • 10 g kleine Kapern • 1–2 Sardellenfilets in Öl • 3 EL Zitronensaft • 100 ml Wasser • 4 EL Olivenöl • 1 TL Zucker • Salz • frisch gemahlener Pfeffer • 1 kleiner Stängel Rosmarin • 2–3 Stängel Basilikum
PRO PORTION: E: 1 g, F: 14 g, Kh: 2 g, kJ: 567, kcal: 136, BE: 0,0

1 Tomaten in kleine Würfel schneiden. Oliven vom Stein schneiden und klein schneiden. Kapern in ein Sieb geben, abspülen und abtropfen lassen. Sardellenfilets abspülen, trocken tupfen und klein hacken. **2** Die vorbereiteten Zutaten mit Zitronensaft, Wasser und Olivenöl verrühren. Mit Zucker, Salz und Pfeffer würzen. Rosmarin und Basilikum abspülen und trocken tupfen. Die Nadeln bzw. Blättchen von den Stängeln zupfen. Nadeln und Blättchen klein schneiden, unter die Salatsauce rühren. Die Sauce hält sich 2–3 Tage im Kühlschrank.

joghurt-tahini-dressing

FÜR 4 PORTIONEN: 1 Knoblauchzehe • 1 Stängel Minze • 2 EL Tahini (Sesammus) • 150 g Magermilchjoghurt • 100 ml Milch • 2 EL Zitronensaft • ½ TL getrocknete Chilibrösel • ½ TL Schwarzkümmel • Salz **PRO PORTION:** E: 5 g, F: 7 g, Kh: 6 g, kJ: 452, kcal: 108, BE: 0,5

1 Knoblauch abziehen und durch eine Knoblauchpresse drücken. Minze abspülen und trocken tupfen. Die Blättchen von den Stängeln zupfen. Blättchen klein schneiden. **2** Tahini mit Joghurt, Milch, Zitronensaft, Chilibröseln, Schwarzkümmel und Salz verrühren. Knoblauch und Minze unterrühren. Die Sauce hält sich 2–3 Tage im Kühlschrank.

küchenhelfer

waage
- beim Kochen nicht so essentiell wie beim Backen, beim Backen ist sie „gelingnotwendig“

messbecher
- es gibt Messbecher, mit denen kann frau alles abmessen (Flüssigkeiten, Mehl, Zucker, usw.)

schneidbretter
- aus Holz oder Kunststoff, eine sichere und dekorative Arbeitsunterlage, die auch etwas Farbe in die Küche bringt

vierkantreibe
- vierfache Anwendungsmöglichkeit
- frisch geriebener Parmesan-Käse oder Zitronenschale schmecken aromatischer, als die aus dem Päckchen
- wichtig auch für Salate, seien es Gurkenscheiben oder Möhrenraspel

schneebesen
- elastisch muss er sein und gut in der Hand liegen sollte er
- mit einem Stück eiskalter Butter verfeinert er jede Sauce

pürierstab
- kriegt alles klein und kann wahre Wunder vollbringen

messer
- 3–4 gute (nicht zu günstige) Messer können das ganze Leben lang schneiden
- 1 kleines Messer für Kleinstarbeiten, z. B. Zwiebel schälen, ein mittelgroßes Küchenmesser mit dünner, langer Klinge zum Fleisch bearbeiten und Gemüse schneiden, ein Hackmesser mit dicker, hoher Klinge, z. B. zum Kräuter hacken und Scheiben schneiden (da kommen die Finger am Griff beim Schneiden nicht aufs Brett) und ein gutes Brotmesser mit Wellenschliff

sparschäler
- macht das Leben in der Küche leichter, Kartoffeln, Möhren, Gurken und alles andere junge Gemüse wird so schnell hüllenlos

korkenzieher
- eine gute Flasche Wein will mit einem guten leicht gängigen Korkenzieher geöffnet werden

siebe
- ein größeres Sieb zum Passieren, ein kleines Sieb für Tee, Puderzucker und Schokolade und einen Durchschlag für Gerichte mit frischem Blattsalat oder Pasta

dämpfeinsatz
- für die gesunde Küche unerlässlich

pfannen, töpfe, auflaufformen
- Pfannen, Töpfe und Auflaufformen in unterschiedlichen Größen je nach Haushaltsgröße, Kochgewohnheiten und Herdart

kochlöffel und pfannenwender
- schonen die Teflonbeschichtung in der Pfanne und das Gargut durch seine sanften Kanten beim Umrühren

schüsseln
- in allen Größen und Farben, hat frau nie genug
- darin wird gerührt, gemixt, zerkleinert, püriert, zubereitet, angerichtet und auch aufbewahrt

küchentücher und topflappen
- zum Schutz von Händen, Fingernägeln und Kleidung unerlässlich

zange
- verhindert, dass frau ins Gargut sticht und der Saft ausläuft

PHILIPS
DR.OETKER
Meßbecher
Measuring Cup

grundvorrat

bacon
- im Ganzen oder in Scheiben, einfach im Gefrierschrank oder -fach aufbewahren und je nach Bedarf portionsweise entnehmen oder abschneiden

eier
- zu jeder Tageszeit ein Hit (als „schottische" Frühstückseier, als Pancakes, als Spiegelei bei der Edelstulle auch mal von der Wachtel, als treibende Kraft im Kuchen)

essig
- das „i Tüpfelchen" in jeder Salatsauce
- Essig prägt wesentlich den Geschmack Salatsaucen und Dips

instantbrühe
- gern auch Bio- und Gemüsebrühe, auf jeden Fall besser als Wasser zum Angießen

getrocknete pasta
- einfach, schnell, lecker

honig und ahornsirup
- alternatives Süßungsmittel, nicht nur aufs Brot zu verwenden
- auch als Abrundung einer Vinaigrette

kartoffeln
- unbedingt im Hause zu haben, da als Kartoffelpüree oder als Baked Potatoes unschlagbar

kräuter und gewürze
- geben allen Gerichten das gewisse Etwas an Geschmack und Geruch und tragen somit zum Vergnügen am Essen bei
- frische Kräuter von der Fensterbank zum Garnieren der Speisen verwenden
- Gewürze erst unmittelbar vor der Verwendung zerkleinern, z. B. mit Pfeffermühle, Muskatreibe oder Mörser, damit die Geschmacks- und Aromastoffe erhalten bleiben

nüsse und mandeln
- für die gesunde Ernährung von frau unverzichtbar

öl
- ohne Öl geht gar nichts, unbedingt auf gute Qualität achten

pesto
- prima für schnelle Häppchen und leckere Blitz-Pasta
- verrührt mit Hüttenkäse, Schafkäse und etwas Olivenöl ergibt es einen vegetarischen Dip oder Brotaufstrich
- unbedingt rotes Pesto mal ausprobieren

schokolade
- wichtig als Notvorrat und Seelenfutter, je höher der Kakaoanteil, desto besser

senf
- für jeden Geschmack und Anlass den passenden Senf (süß, scharf, herb, zum Verfeinern, mit Semmelbröseln zum Überbacken, zum Grillen)

tee
- lose oder als Teebeutel, wichtig für alle Lebenslagen

trockenfrüchte
- gut zum Snacken und zum Kochen

zitrone oder limette
- keine Frucht ist vielfältiger einsetzbar: zum Kochen, Backen, Mixen und sogar zum Reinigen
- Limette etwas delikater im Geschmack

zwiebeln/schalotten/knoblauch
- Grundlage vieler Gerichte und unverzichtbar

hinweise zu den rezepten
Frau lese vor der Zubereitung – besser noch vor dem Einkauf – das Rezept einmal vollständig durch. So werden Arbeitsabläufe oder -zusammenhänge klarer. In jedem Rezept ist die Anzahl der Portionen angegeben.

zutatenliste
Die Zutaten sind in der Reihenfolge angegeben in der frau sie verwendet.

arbeitsschritte
Die Arbeitsschritte sind einzeln hervorgehoben, in der Reihenfolge, in der sie von uns ausprobiert wurden.

backofeneinstellung
Die in den Rezepten angegebenen Gartemperaturen und -zeiten sind Werte, die je nach individueller Hitzeleistung des Backofens über- oder unterschritten werden können. Die Temperaturangaben beziehen sich auf Elektrobacköfen. Frau beachte bei der Einstellung des Backofens die Gebrauchsanleitung des Herstellers.

zubereitungs- und garzeiten
Die Zubereitungszeit ist ein Anhaltswert für die Zeit der Vorbereitung und die eigentliche Zubereitung. Sie variiert je nach Geschick und Übung. Die Garzeiten sind, in der Regel, gesondert ausgewiesen. Längere Wartezeiten, z. B. Kühl- und Auftauzeiten, sind nicht einbezogen.

abkürzungen
EL	=	Esslöffel
TL	=	Teelöffel
Msp.	=	Messerspitze
Pck.	=	Packung/Päckchen
g	=	Gramm
kg	=	Kilogramm
ml	=	Milliliter
l	=	Liter
Min.	=	Minuten
Std.	=	Stunden
evtl.	=	eventuell
geh.	=	gehäuft
gestr.	=	gestrichen
TK	=	Tiefkühlprodukt
°C	=	Grad Celsius
Ø	=	Durchmesser

kalorien-/nährwertangaben
E	=	Eiweiß
F	=	Fett
Kh	=	Kohlenhydrate
kJ	=	Kilojoule
kcal	=	Kilokalorien
BE	=	Broteinheiten

Nicht vergessen!
Butter
Kaffee
Milch
YOGI TEE
Glücks Tee
YOGI TEE
Ingwer Zitrone Tee
CANADA'S BEST
Fleur de Sel
Guérande

kapitelregister

alphabetisches register

Für Fragen, Vorschläge oder Anregungen stehen Ihnen
der Verbraucherservice der Dr. Oetker Versuchsküche
Telefon: 0 08 00 71 72 73 74 Mo.–Fr. 8:00–18:00 Uhr,
Sa. 9:00–15:00 Uhr (gebührenfrei in Deutschland)
oder die Mitarbeiter des Dr. Oetker Verlages
Telefon: +49 (0) 521 5206 50 Mo.–Fr. 9:00–15:00 Uhr zur Verfügung.
Schreiben Sie uns: Dr. Oetker Verlag KG, Am Bach 11, 33602 Bielefeld
oder besuchen Sie uns im Internet unter www.oetker.de oder www.oetker-verlag.de.

umwelthinweis — Dieses Buch und der Einband wurden auf chlorfrei gebleichtem Papier gedruckt.
Die Einschrumpffolie – zum Schutz vor Verschmutzung – ist aus
umweltfreundlichem und recyclingfähigem PE-Material.

redaktion — Carola Reich, Annette Riesenberg

rezeptfotos — Janne Peters, Hamburg

foodstyling — Michaela Pfeiffer, Hamburg

rezeptentwicklung und-beratung — Michaela Pfeiffer, Hamburg

nährwertberechnungen — Nutri Service, Hennef

grafisches konzept — BCW Gesellschaft für Kommunikation mbh, Hamburg
titelgestaltung — kontur:design, Bielefeld

reproduktionen — Repro Ludwig, Zell am See, Österreich
satz — JUNFERMANN Druck & Service, Paderborn
druck und bindung — Firmengruppe APPL, aprinta druck, Wemding

ISBN 978-3-7670-0771-0